하늘의 사닥다리

구하라 그러면 너희에게 주실 것이요
찾으라 그러면 찾을 것이요
문을 두드리라 그러면 너희에게 열릴 것이니
(마태복음 7:7)

하늘의 사닥다리

◉ 기도 입문서

 미우라 아야꼬 지음 | 최운걸 옮김

설우사

1. 기도의 자세 7
너는 기도할 때에 네 골방에 들어가 문을 닫고 은밀한 중에 계신 네 아버지께 기도하라(마 6:6).

2. 하나님과의 대화 17
구하기 전에 너희에게 있어야 할 것을 하나님 너희 아버지께서 아시느니라(마 6:8).

3. 아버지이신 하나님 27
그러므로 내가 너희에게 말하노니 무엇이든지 기도하고 구하는 것은 받은 줄로 믿으라. 그리하면 너희에게 그대로 되리라(막 11:24).

4. 병들었을 때 37
이 사람들은 다 믿음을 따라 죽었으며, 약속을 받지 못하였으되 그것들을 멀리서 보고 환영하며, 또 땅에서는 외국인과 나그네로라 증거하였으니…(히 11:13).

5. 죽음에 대하여 47
아무것도 염려하지 말고 오직 모든 일에 기도와 간구로 너희 구할 것을 감사함으로 하나님께 아뢰라(빌 4:6).

6. 기쁠 때 찾는 하나님 59
사람은 자기의 시기를 알지 못하나니 물고기가 재앙의 그물에 걸리고 새가 올무에 걸림같이 인생도 재앙의 날이 홀연히 임하면 거기 걸리느니라(전 9:12).

하·늘·의·사·닥·다·리

7. 하나님은 나와 함께 계신다 69
하나님의 말씀은 다 순전하며 하나님은 그를 의지하는 자의 방패시니라(잠 30:5).

8. 주님의 기도 79
우리가 축복하는바 축복의 잔은 그리스도의 피에 참여함이 아니며 우리가 떼는 떡은 그리스도의 몸에 참여함이 아니냐…우리가 다 한 떡에 참여함이니라(고전 10:16~17).

9. 남을 판단하지 말라 91
남을 판단하는 사람아, 무론 누구든지 네가 핑계치 못할 것은 남을 판단하는 것으로 네가 너를 정죄함이니 판단하는 네가 같은 일을 함이니라(롬 2:1).

10. 사탄 101
이에 예수께서 말씀하시되 사탄아 물러가라 기록되었으되 "주 너의 하나님께 경배하고 다만 그를 섬기라" 하였느니라(마 4:10).

11. 하나님은 살아 계신다 111
나의 반석이시요 나의 구속자이신 여호와여, 내 입의 말과 마음의 묵상이 주의 앞에 열납되기를 원하나이다(시 19:14).

12. 기도는 세계를 변화시킨다 123
화평케 하는 자는 복이 있나니 저희가 하나님의 아들이라 일컬음을 받을 것임이요 (마 5:9).

■ 부록_「사랑과 진실의 인생론」 중 바람직한 인간관계 133

기도할 때 우리는 먼저 하나님이 어떤 분인지를 생각해 보고, 그분은 우리에게 어떤 기도를 바라시는지를 조용히 물어보는 것으로 시작하는 것이 좋다고 생각한다.

 기도하는 자세는 반드시 정해져 있는 것은 아니다. 누워만 있는 병자는 누워 있는 대로도 좋고, 건강한 사람은 선 채로도 좋으며, 단정히 앉아서도 좋다. 그것은 자유다. 다만 하나님 앞에 조용히 마주앉아 있으면 겉에 나타난 모양은 묻지 않으신다. 어떤 때는 걸으면서, 또 일하면서 기도할 수도 있다.

기도의 자세

너는 기도할 때에 네 골방에 들어가 문을 닫고
은밀한 중에 계신 네 아버지께 기도하라(마 6:6).

어떤 때에 사람이 가장 아름답다고 말할 수 있을까?

이마에 땀을 흘리며 열심히 일하는 모습이 아름답다. 젖먹이를 안고 있는 어머니도 아름답다. 노인을 섬기는 젊은이도 아름답다. 그런데 지금 나는 초등학교 6학년 때였을 즈음에 책에서 읽은 한 장면이 떠오른다. 그 소설의 제목도 작자도 잊어버렸다. 그러나 그것은 확실히 '아마구사 동란(動亂)' 당시의 이야기였다. 17세의 아마구사 시로오(天草四郎) 앞에 아름다운 여성이 두 명 나타났다. 하나는 교태가 넘치는 요염한 여성이고, 또 한 사람은 그 반대였다. 아마구사 시로오가 매력을 느낀 것은 후자였다.

왜 아마구사는 후자에게 매력을 느꼈을까? 그것은 석양이 물든 들에서 조용히 기도하는 그녀의 모습을 보았기 때문이다. 그 기도하는 여성의 모습에서 범할 수 없는 기품과 깨끗함을 보고 깊은 감동을 받았던 것이다.

그 소설을 읽고 나 역시 잠시 동안 그 여성을 본 것 같은 착각을 느겼다. 기도하는 삶의 모습이란 그렇게 아름다운 것일까? 나는 그러한, 사람을 감동시킬 만큼의 그러한 기도의 경지에 대해 소녀다운 동경을 품었다.

기도! 그러나 과연 기도라는 것이 그렇게도 사람의 마음에 육박하는 아름다움을 가지고 있는 것일까? 나는 차차 의심을 품게 되었다. 나는 군국주의 시대의 여학생으로서 자주 신사참배에 인솔되어 갔다. 천여 명의 전교생이 신사 경내에 정렬하여 "예"(禮) 하는 구령에 따라 일제히 머리를 숙였다. 그렇게 머리를 숙일 때, 우리 학생들의 가슴엔 도대체 무엇이 떠올랐던 것일까? 다만 구령에 맞추어 머리를 숙였을 뿐이고, 가슴에는 아무것도 떠오르지 않았던 것이 아닌가. 남의 구령을 붙여서 머리를 숙이는 일과 '기도'는 원래 아무 관계도 없는 것이라고 생각한다.

먼저, 우리 소녀들은 무엇을 향해 머리를 숙이고 있는지조차 알 수 없었다. 우리는 어려서부터 신사(神社) 앞을 지날 때마다 머리를 숙였다. 그렇게 예절을 배워 온 우리들이었다. 거기에 무엇을 모셔 놓았는지, 무엇을 신(神)으로 삼고 있는지는 따지고 생각해 본 일이 없었다. 그것은 비단 소녀들뿐만 아니라 일반인들의 현실이기도 하지 않았을까?

구령을 붙이는 교사들 쪽에서도 신이란 무엇이냐는 질문을 받으면 대답할 수 있는 사람이 거의 없었던 것이 아닐까? 구령을 붙이는 쪽이나 구령을 듣는 쪽이나 기도의 대상이 무엇인지도 모르고 있었다는 것이 사실이었을 것이다.

그런데 일본 가정에는 대부분의 집에 신을 모셔 두는 감실과 불단(佛壇)이 있다. 지금의 젊은이들은 신을 모시고 제사를 지내는 일을 하지 않을지도 모른다. 하지만 이전에는 신을 모시는 감실과 불단이 없는 집이 거의 없었다.

신을 모신 이 감실과 불단을 향해서 나도 어릴 때 아침 저녁으로 손을 모아 기도를 했다. 그러나 그때도 신사와 마찬가지로 무엇을 향해 기도하고 있는지가 확실치 않았다. 어른들도 신을 모셔 놓은 감실에 신이 앉아 있다고는 결코 생각하지 않았을 것이다. 다만 신을 모신 곳을 둠으로써 가정의 한 모퉁이에 신성한 분위기를 자아내는 처소를 만드는 것에 지나지 않았던 것 같다. 거기에 장식된, 다만 인쇄물일 뿐인 부적이란 것을 진심으로 신체(神體)라고 생각하는 사람이 과연 얼마나 있었을까? 아니, 뜻밖에도 인간에게는 묘한 약점이 있다. 가령 인쇄된 종이 조각일 뿐이라 해도, 그것을 어쩐지 신 같은 존엄한 것으로 생각하는 경향이 우리에게는 있는지 모른다.

'소홀히 다루면 벌을 받는다.'

대개의 사람들은 뜻밖에도 진심으로 그렇게 생각하는 것이다. 하지만 그것은 사실 신이란 것의 본체를 알지 못하는 것이다. 그 때문에 부적을 앞에 놓고 절을 하는 것이고, 당연히 본질적인 부분에서는 애매하게 되어 버리고 마는 것이다. 정말로 신은 어떤 분이며 신 앞에서 어떻게 해야 하는지를 알고 있었다면, 우리 일본인들의 생활은 훨씬 달라졌을 것이 아닌가?

영화나 연극을 보면 노름꾼의 집이나 기생집 같은 데 훌륭한 감실을 만들어 놓은 것을 흔히 볼 수 있다. 도대체 저 감실을 향해 날마다 무엇을 빌기에 노름이나 여자들의 피를 빨아먹는 짓거리를 계속 해대는 것일까? 그것은 아마도 '집안 태평, 장사 번영'의 시도에 지나지 않을 것이다. 남이야 괴로워하든 말든, 귀찮아하든 말든 그런 것은 상관없다. 내 집만 태평하고 번영하면 된다는 생각으로 기도를 드린다. 만일 그런 기도를 들어주는 신이 있다면 큰일이다.

안타깝게도 우리들 기도의 대부분이 이 '집안 태평, 장사 번영'의 기도와 대체 얼마나 다르겠는가?

우리 인간은 일생 동안에 적어도 한 번이나 두 번 "하나님, 도와주십시오……" 하고 기도하고 싶을 때가 있을 것이다. 그것은 물론 기쁘고 순탄한 나날을 보낼 때가 아니라 괴로울 때 또는 슬플 때일 것이다. 속담에 "괴로운 때에 찾는 하나님"이란 말이 있으니, 이것이야말로 거짓 없는 인간의 신에 대한 자세가 아니겠는가? 괴로울 때일수록, 쓰라릴 때일수록 감실 앞에서 손을 모으거나 이마를 맞대고 "아무쪼록 도와주십시오" 하고 비는 것이다.

내게도 그런 기억이 있다. 여학교 시절, 동생이 위독했던 날 밤에 병실 복도에 이마를 대고 "하나님, 부디 구해 주십시오. 동생을 구해 주십시오" 하고 눈물 흘리며 기도했다. 아버지도 그때 복도에 엎드려 오로지 한 마음으로 기도하고 계셨던 것을 알고 있다. 그러나 동생의 병이 다 나은 다음에 "하나님, 고맙습니다" 하고 감사드린 기억은 내게 없다. 인간이란 참으로 제멋대로인 것이다.

그러나 만일 하나님이 어떠한 분이며 참으로 실재하신다고 믿는다면, 우리는 도저히 신에 대하여 이러한 태도를 취하지는 않을 것이다. 신이 실재하신다고 생각하면 날마다 더욱더 신에 대하여 감사하며 인도해 주시기를 기도할 것이기 때문이다.

내가 소설을 쓰게 되면서부터 여러 분이 돈을 빌리러 오셨다. 보통 때는 편지도 하지 않고 전화 연락도 없고 찾아오지도 않다가 돈이 필요할 때만 찾아오는 사람이 몇 명 있다. 이것은 참으로 마음을 씁쓸하게 하는 일이다.

하나님을 대하는 우리도 '괴로운 때에만 하나님을 찾는다면', 하나님으로서는 참으로 불쾌해하실 것임에 틀림없다.

나는 작년 1년 동안 꼬박 《주부의 벗》(역주: 일본의 여성 잡지)을 통해 '미우라 아야꼬에게 보내는 편지'에 대한 회답을 썼다. 사람들은 참으로 많은 고민을 가지고 있었다. 그 편지를 보면서 나는 "만일 이 사람들이 참 하나님만 믿는다면……" 하고 여러 번 생각했다. 참 하나님을 믿고 하나님께 기도할 줄 알았더라면, 그들의 고민은 그들에게 훨씬 다른 의미를 가져다 주었을 것이라고 생각되었던 것이다.

그래서 나는 기도에 대하여 글을 써 보고 싶다는 생각을 하게 되었다. 가령 '하나님을 믿지는 않더라도 하나님을 믿는 사람들의 기도를 안다면, 반드시 그 기도의 대상인 하나님에 대해 차차 알아가게 될 것이 아닌가' 하는 생각을 하게 되었던 것이다. 왜냐하면 "기도는 하나님과의 대화다"라고도 말하기 때문이다. 기도가 하나님과의 대화라면, 기도를 배움으로써 기도의 대화자인 하나님도 저절로 볼 수 있으리라고 나는 생각한다. 하나님 앞에 있는 인간의 기도를 안다면,

아직 하나님을 모르는 사람도 하나님 앞에서 가져야 할 자세를 알 수 있을 것이다. 나는 그렇게 생각한 것이다.

그래서 요사이 나는 친구에게 『아침 기도, 저녁 기도』(지베리 지음)라는, 기도에 관한 책을 선물했다. 그녀는 여자의 몸으로 국제적으로 굉장한 일을 하며 많은 사람들을 고용하고 있는 실업가다. 교회에 다니지는 않지만, 밤에 자기 전에 20분 정도 하나님 앞에 기도한다고 한다. 그리고 그 기도하는 때가 하루 중 가장 평안한 때라고 한다. 그 말에 나는 한 사람의 그리스도인으로서 감동을 받았다. 그리스도인이라 하더라도 하루에 20분씩 조용히 하나님과 대화를 하는 사람은 그렇게 많다고 생각되지 않는다.

하루 세 번의 식전 기도, 밤에 자기 전의 기도만을 간단히 해 버리는 일이 많지 않은가? 그러므로 신자가 아닌 그녀가 하루에 20분씩 기도한다는 것은 내게 대단히 큰 일로 생각되었다. 그래서 나는 그녀가 기도에 관한 책을 통하여 더욱 깊이 하나님을 알아주기를 바랐던 것이다.

나는 이제부터 일상의 기도와 여러 가지 문제를 당했을 경우의 기도를 1년간 써 보려고 한다. 1년간이나 기도에 대하여 연재할 재료가 있느냐고 생각할지 모른다. '집안 태평, 장사 번영' 등 이런 식의 기도밖에 모르는 사람에게는 확실히 그러한 의문이 솟을 수 있다. 그러나 기독교에서는 "기도는 신자의 호흡"이라고 말하고 있다. 기도가 무엇인지를 아는 사람은 불과 400자 원고지 180매 정도로 기도에 대하여 다 쓸 수 있겠느냐며 오히려 불안하게 생각할 것이다.

사실 나는 나 자신도 어떻게 기도할 것인지를 잘 알지 못한다고 생각한다. 이제 세례를 받은 지 24년이 되었고 날마다 기도해 온 터이지만, 사실은 얼마 알지를 못한다. 그러므로 이것을 기회로 나 또한 함께 기도를 배우고자 하는 것이다.

그런데 사람들은 아침에 눈을 떴을 때 대체 어떻게 하나님께 기도할까? 당신이 만일 자기 자신도 가족도 건강하고, 경제적으로도 또 인간관계 상으로도 아무 불안도 문제도 없다고 하자. 곧 모든 것이 부족함이 없다고 하자. 그런 때에 대체 당신은 어떻게 하나님께 기도할 것인가? 여기서 조용히 자기 자신에게 물어보고 싶은 것이다.

아까 내가 친구에게 선물했다고 한 「아침 기도, 저녁 기도」의 첫 페이지에 나오는 아침 기도의 말을 소개해 보겠다.

> 내 영혼의 영원한 아버지,
>
> 오늘 제 마음에 떠오르는 처음 생각이 당신이고 또 당신을 예배하는 것이며, 처음 입에서 나오는 말이 당신의 이름이고, 맨 처음 행위가 무릎을 꿇고 당신께 기도하는 일이 되기를……. (중략) 그러나 이 아침 기도를 드리고 나서 벌써 예배를 마쳤다고 생각하고 나머지 하루 동안 당신을 잊어버리는 일이 없도록, 차라리 이 고요한 때부터 빛과 기쁨과 힘이 생겨 나머지 모든 시간에도 제 마음에 계셔서 저의 생각을 순결히 가지게 하시고, 저의 말을 온화하고 진실하게 하시며 저의 일에 충실히 힘쓰게 하시고, 스스로 거만을 부리는 일이 없게 하시고, 사람들을 대할 때에 존경과 관용을 잃지 않게 하시며, 지난날의

귀중한 추억을 존중하고, 당신의 자녀로서의 영원한 계명을 항상 생각하게 해주소서. (후략)

이 글을 읽고 당신은 어떤 생각이 드는가? 여기에는 '괴로운 때에 찾는 하나님'은 물론, '집안 태평', '장사 번영'의 이기적인 생각이 털끝만큼도 없다고 할 수 있다. 이러한 기도를 하는 사람의 자세야말로 아마구사 시로오가 감동한 기도의 자세가 아니겠는가.

왜 이같이 기도할 수 있는가? 그것은 기도하는 대상이 인쇄된 한 장의 부적도 아니고, 죽은 자를 신으로 떠받드는 그런 존재도 아닌, 인격을 가진 하나님이시기 때문이다. 한없이 깨끗하고 한없이 풍성한 사랑의, 그리고 참으로 의롭고 거룩한 하나님이 기도의 대상인 까닭이다. 앞에서도 말한 바와 같이 기도는 하나님과의 대화다.

우리는 인간들끼리 대화할 때도 대화 상대에 따라 마음속에서 여러 가지 생각이 솟아난다. 마음씨 나쁜 사람과 대화를 하고 있으면 이쪽 마음도 비뚤어지지만, 온화한 사람과 대화하면 이쪽 마음도 온순해진다. 관대한 사람과 대화하면 마음이 유순해지고 화평하게 된다. 천진난만한 아이와 이야기하면 이쪽도 동심이 생기는 것이다. 그렇기 때문에 하나님과의 대화인 기도 또한 나도 모르는 사이에 우리 추한 인간을 높여 주고 깨끗하게 해주는 것이다.

그런데 기도할 때 우리는 먼저 하나님이 어떤 분인지를 생각해 보고, 그분은 우리에게 어떤 기도를 바라시는지를 조용히 물어보는 것으로 시작하는 것이 좋다고 생각한다.

기도하는 자세는 반드시 정해져 있는 것은 아니다. 누워만 있는 병자는 누워 있는 대로도 좋고, 건강한 사람은 선 채로도 좋으며, 단정히 앉아서도 좋다. 그것은 자유다. 다만 하나님 앞에 조용히 마주앉아 있으면 겉에 나타난 모양은 묻지 않으신다. 어떤 때는 걸으면서, 또 일하면서 기도할 수도 있다.

기도하는 대상은 어디까지나 이 세상을 창조하신 하나님이 아니면 안 된다. 일본에는 도처에 사람에게 제사를 지내는 신사가 있다. 심지어 여우와 말에게 제사 지내는 신사와 절까지 있으므로 기도하는 대상은 엄연히 구별하지 않으면 안 된다. 죽은 사람에게 제사 지내는 신사는 하나님으로 잘못 알기가 쉬우므로 특히 주의하여 기도의 대상으로 삼지 말아야 할 것이다. 참 하나님은 유일하시기 때문이다.

천지를 창조하신 하나님을 향한 기도는 또한 예수 그리스도의 아버지이신 하나님을 향하는 기도인 것을 알아주기 바란다.

앞에서 말한 대로 매일 드리는 기도 외에도 절망한 때의 기도, 과실을 범했을 때의 기도, 부부관계가 위기에 처했을 때의 기도, 병들었을 때의 기도, 실연당했을 때의 기도, 결혼할 때의 기도, 순조로운 환경에 있을 때의 기도, 죽을 때의 기도 등에 대해서 차례차례 말해 보고자 한다. 이것이 어떤 힘이 된다면 다행이겠다.

　기도는 날마다 아침 저녁으로, 또 수시로 하는 것이 중요하다고 생각한다. 평소에 계속해서 기도하지 않으면, 일단 무슨 문제가 일어났을 때는 기도하려고 해도 올바르게 기도할 수가 없다. "하나님, 도와주십시오"라든가 "하나님, 병을 고쳐 주십시오"라든가 하는, 단순히 이익을 구하는 기도밖에는 되지 않는다. 기도의 요령을 모르기 때문이다.

　당신은 평소에 친하게 지내지 않던 사람에게 갑자기 의논이나 부탁을 하러 갈 수 있겠는가? 그건 좀 어려운 일이 아니겠는가? 아침 저녁으로 얼굴을 대하는 사람이라도 인사 한 번 하지 않던 사람에게 갑자기 심각한 이야기를 꺼낼 수는 없는 일이다.

하나님과의 대화

구하기 전에 너희에게 있어야 할 것을 하나님 너희 아버지께서 아시느니라(마 6:8).

기도는 하나님과의 대화이므로, 기도를 할 때는 사실 사람과 이야기하는 것처럼 하면 좋다. 그러나 그런 기도조차 해본 적이 없는 사람에게는 역시 쉬운 일이 아니다. 아니, 여러 번 기도해 본 신자들에게도 그것은 쉬운 일이 아니다. 왜냐하면 하나님 앞에서 혼자 기도한다는 경지에 좀처럼 익숙하지 못하기 때문이다. 자기가 지금 말하려고 하는 상대가 이 세상을 지으시고, 자기를 사랑하고 또한 모든 것을 아시는 분이라는 실감이 없으면 도저히 기도할 수가 없는 것이다. 더구나 그 기도를 하나님이 반드시 들어주시고, 가장 좋은 응답을 해 주신다는 확신이 없으면 기도는 혼잣말로 끝난다. 완전히 믿지 않는다면 도저히 기도라고 할 수 없다. 그러므로 기도는 어려운 것이다. 그러나 하나님이 응답해 주신다는 확신만 있으면 마음은 솔직해질 것이다.

기도는 날마다 아침 저녁으로, 또 수시로 하는 것이 중요하다고 생각한다. 평소에 계속해서 기도하지 않으면, 일단 무슨 문제가 일어났을 때는 기도하려고 해도 올바르게 기도할 수가 없다. "하나님, 도와주십시오"라든가 "하나님, 병을 고쳐 주십시오"라든가 하는, 단순히 이익을 구하는 기도밖에는 되지 않는다. 기도의 요령을 모르기 때문이다.

당신은 평소에 친하게 지내지 않던 사람에게 갑자기 의논이나 부탁을 하러 갈 수 있겠는가? 그건 좀 어려운 일이 아니겠는가? 아침저녁으로 얼굴을 대하는 사람이라도 인사 한 번 하지 않던 사람에게 갑자기 심각한 이야기를 꺼낼 수는 없는 일이다. 물론 나처럼 소설을 쓰는 사람에게는 매일같이 상담 편지가 오고, 갑자기 찾아오는 사람도 있다. 어떤 청년은 인간을 믿을 수가 없어서 부모 형제와도 말을 하지 않고 지냈다. 그런데 나를 찾아와서 자기의 심정을 이야기했다. 내가 육친과도 말을 하지 않으면서 어떻게 나에게는 말할 수 있느냐며 이상해서 물어보니까 그는 이렇게 말했다.

"미우라 선생님의 책은 여러 번 읽어서 집안 식구들보다 마음을 잘 압니다."

나로서는 그가 처음 대하는 청년이었지만, 그는 내 책을 통하여 이미 나와 대화를 한 것이다. 어쨌든 상대를 알고 상대와 항상 교제하지 않으면 일이 잘 의논되지 않는다는 것은 당연하다. 그래서 문제가 있든 없든 날마다 기도하기를 권하고 싶은 것이다.

그러면 먼저 아침 기도에 대해 생각해 보자. 우리 부부는 아침에 일어나면 구약성경을 세 장 읽고 신약성경을 한 장 읽는다. 성경을 읽는 것은 하나님이 우리 인간에게 무엇을 요구하시는지를 알기 위해서, 또 오늘 하루를 인도함 받기 위해서다. 성경을 읽은 후에는 미우라가 기도를 하는데, 이 기도를 모두 여기에 쓰기에는 너무 길므로 간단히 요약해 보겠다.

"잠이라는 이상한 시간을 주시어 오늘도 당신이 지켜 주시는 가운데 무사히 눈을 뜨게 된 것을 감사드립니다. 우리 인간에게 잠을 주신 하나님을 찬송합니다"라는 감사의 말로 시작하기도 하고, 또 "오늘도 새로운 아침과 새로운 생각을 주셔서 감사합니다"라고 기도하기도 한다. 먼저 하나님께 감사할 일을 찾아내는 것이다. 인간이란 슬픈 존재여서 언제나 넘치도록 감사할 수는 없다. 오장육부가 온전하고 아무런 병이나 사고가 없이 아침을 맞아도 무엇 하나 마음에 걸리는 일이 있으면 기분 나빠하기도 한다. 그러나 그런 때도 감사할 일을 찾으면 그런 일이 많이 있는 법이다.

날씨가 좋은 것을 감사하는 신자가 흔히 있는데, 그것도 확실히 크게 감사할 일이다. 가족이 무사한 것, 기도할 생각이 난 것, 하룻밤 무사히 목숨을 유지할 수 있었던 것 등 감사할 일은 얼마든지 있을 것이다.

생각해 보면 우리 인간들끼리도 그렇지 않은가. 저쪽에서 아는 사람이 왔을 때, 우리는 제일 먼저 무엇을 생각할 것인가? 그 사람에게 감사할 것을 잊고 있지 않은지, 인사해야 할 것을 잊고 있지는 않은지에 대한 게 아닐까?

"지난번에는 일부러 찾아 주셔서", "소식 전해 주셔서", "그 일 때문에 여러 가지로 염려해 주셔서", "늘 친절히 대해 주셔서" 등 인사 말을 하는 것이 당연한 예의일 것이다. 그런데도 피차간에 무심코 잊어버리는 일이 있다.

"그 후 형님의 병은 어떻습니까?" 하고 물으면, '그렇다. 이 사람에게서 문안 전화를 받았었구나' 라는 생각이 나고, "입에 맞았습니까?" 라고 물은 후에야 '아 참, 지난번에 선물을 받았었지' 하고 생각이 나서 얼굴이 화끈거리게 되는 것이다.

하물며 기도의 대상이 하나님이시다. 이 하나님으로부터 받은 은혜는 참으로 헤아릴 수 없이 많다. 밤에 자고 아침에 눈을 뜬다는 것도 사람들은 아주 당연한 것으로 생각한다. 그러나 이 일만 해도 생각하면 할수록 그것은 결코 당연한 것이 아니다.

과거에 나는 잠을 잘 이루지 못한 일이 여러 번 있었다. 새벽 세 시쯤 전화가 걸려 와서 나가 보니 삼촌의 죽음을 알리는 전화였다. 또 어떤 밤엔 소방차의 요란한 사이렌 소리에 잠에서 깨어 일어난 일도 있었다. 또 어떤 때는 이상한 소리에 눈을 뜨게 되었는데, 그것은 바로 우리 집에 들어오려고 도둑이 낸 소리였다. 또 어떤 밤엔 남편의 병 때문에 한숨도 잠을 이루지 못한 일도 여러 번 있었고, 길가에서 큰 소리로 입씨름하는 사람 때문에 잠을 깨는 일도 있었다. 내가 아는 한 사람은 잠을 자다가 심장마비로 죽기도 했다.

우리가 하룻밤 곤히 자고 기분 좋게 깨어나기 위해서는 참으로 많은 조건이 갖추어지지 않으면 안 된다. 건강이 좋지 않으면 안 된다. 이가 조금만 아파도, 배가 조금만 아파도 잠을 잘 수가 없다. 충분히 잘 수 있다는 것은 당연한 일이 아니다. 우선 잠이라는 것이 얼마나 신비로운 것인지, 그것을 우리는 다시 생각하지 않으면 안 될 것 같다. 어쨌든 잠에 대해서만 생각해도 얼마나 감사할 일이 많은가.

감사를 드린 후에 우리는 참회의 기도를 한다. 하나님을 모르는 사람들은 참회할 일 같은 것은 아무것도 없다고 생각하며 살아가고 있다. 그러나 우리는 사람에게나 하나님께나 사과해야 할 일을 어느 정도 가지고 살아가는 존재가 아닌가? 하나님 앞에 참회해야 할 첫 번째 것은, 우리 자신이 하나님 앞에 나서기에 합당치 않은 인간이라는 것이다. 우리의 마음은 참으로 자기 중심적이며, 남을 시기하고, 원망하고, 미워하고, 하루라도 사람을 비난하지 않는 날이 없는 한심한 상태에 있는 것이 아닐까. 자신의 형제가 자기보다 월급을 많이 받는 것을 가지고 시기하는 이야기를 들은 일이 있는데, 아마 남이라면 더 할지도 모른다. 남의 기쁨을 자기의 기쁨으로 여기는 일 따위는 도저히 할 수 없는 것이 우리 인간의 마음이다. 하물며 동료가 자기보다 승진이 빠르던가, 동생이 형보다 출세가 빠르던가 하면 그것이 또한 싸움의 불씨가 되기도 한다.

한편, 승진이 빠른 자는 빠른 자로서 다른 사람이 능력 없는 사람으로 보이거나 어리석게 보여서, 그를 멸시하고 자기처럼 잘난 사람은 없는 것 같은 착각에 빠진다. 기뻐해야 할 상태에서조차 미움이 발생하는 것이다.

그 밖에 부부 사이가 나쁜 것, 부모 자식 간의 관계가 바르지 못한 것 등의 원인은 모두 자기 중심적인 생각에서 비롯된다. 사실을 말하면, 인간은 누구나 참회할 일로 가득 찬 존재다. 그런데 우리가 이때 기도를 드리려 하는 하나님은 어떤 분인가? 그분은 완전히 거룩하신 분이며, 완전히 의롭고 사랑이 많으신 분이다. 만일 우리 인간이 깨끗이 쓸고 닦은 집에 온몸이 흙투성이인 채로 들어가지 않으면 안 된다면 어떻게 할 것인가? "죄송합니다, 이런 꼴로" 하며 머리를 숙일 것이다.

하나님의 깨끗함을 모르면 자기의 추함을 모른다. 반대로 자기의 추함을 알면 하나님의 깨끗함을 안다. 참회는 이 추함을 하나님 앞에 사과하는 것이다.

그러면 어떻게 이 참회의 기도를 드릴 것인가?

"더러워진 저를 용서해 주십시오."

단지 그렇게만 기도해도 좋다. 그러나 이보다는 구체적으로 기도하는 편이 낫다고 생각한다.

얼마 전 나는 기도회에서 어떤 젊은 자매의 기도를 듣고 감동한 적이 있다.

"하나님, 부디 용서해 주십시오. 저는 오늘 어떤 사람에게 약한 자를 괴롭히지 말라는 말을 들었습니다. 저는 친구와 장난스럽게 한 일인데, 다른 이의 눈에는 약한 자를 괴롭히는 일로 보이는 행위였던 것 같습니다. 좀 더 상대의 입장에 서서 남을 동정하는 생활을 할 수 있도록 인도해 주십시오."

이렇게 참회할 일을 구체적으로 하나님께 말씀드리는 것도 결코 쉬운 일은 아니다.

"오늘 저는 시어머니를 미워했습니다. 그것은 청소를 잘못하여 잔

소리를 들었기 때문입니다. 아무쪼록 이제부터는 공손히 충고를 듣도록 인도해 주시기 바랍니다. 시어머님께 따뜻한 마음으로 말할 수 있는 인간이 되게 하여 주시옵소서."

"이웃집 부인에 대하여 질투심을 품었던 것을 용서해 주십시오. 저는 남편이 그 부인이 부지런하다고 칭찬한 일에 대하여 분한 마음을 품었습니다. 부지런한 사람에 대해 과연 그렇다고 진정으로 칭찬할 수 있는 사람이 되게 해주십시오."

이같이 자신의 약점과 추함을 입 밖에 내는 것은 견디기 어려운 일이다. 그러나 그 어려운 일을 넘어서서 구체적으로 참회하면 자기 모습을 공평하게 볼 수 있게 된다. 자기의 약점, 어리석음이 어떤 때 어떻게 나타나는지를 차차 명백히 알게 되는 것이다.

어쨌든 이렇게 하여 아침 저녁으로 하나님 앞에 참회하는 것은 아침 저녁으로 세수를 하는 것과 같다. 얼굴을 씻는 것 이상으로 마음도 씻고 하루를 출발하는 것은 상쾌한 일일 것이다. 그리고 새로운 힘을 얻게 되는 일일 것이다.

그 다음에 우리 부부는 하나님께 구하는 기도를 드린다. 우리 집의 경우, 우선 일 때문에 기도를 한다.

"아버지께서 주신 이 일을 통하여 거룩한 하나님의 이름이 찬양 받게 해주시기를 원합니다. 이제부터 쓰기 시작하는 글 하나하나가 아무쪼록 독자들에게 힘이 되게 해주시옵소서. 현실 세계는 고난으로 가득 차 있습니다. 아무쪼록 괴로운 가운데 있는 사람에게 당신의 빛이 비추어지게 해주시옵소서. 약한 우리의 일에도 필요한 힘과 지혜를 주시고, 항상 마음의 눈을 열어 주시기 바랍니다."

우리는 이렇게 기도하기 시작한다. 물론 기도의 언어는 날마다 다르나, 일을 시작할 때 하는 기도는 대체로 이런 것이다.

사람에 따라서는 위험한 일에 종사하는 사람도 있을 것이며, 단조로운 일이나 좀 지루하고 따분한 일에 종사하는 사람도 있을 것이다. 각자의 일이 다르므로 기도의 언어도 각기 다를 것이다. 가정 주부는 주부로서 직업을 가진 사람과는 또 다른 책임을 가지고 있다. 또 노인과 병자는 특별히 하는 일은 없을지 모르나, 오늘 하루를 지내기 위하여 깨닫지 않으면 안 될 사명은 있을 것이다. 내가 병에 걸려 있었을 때는 "저의 병이 제게는 필요불가결한 것임을 감사함으로 받아들일 수 있도록 힘을 주십시오. 괴로움과 지루함을 견딜 수 있도록 하시고, 아버지의 뜻이라면 이 병을 통하여 사람들에게 그리스도의 은혜를 전할 수 있게 해주시옵소서"라는 것이 기본적인 기도의 내용이었다.

주부는 이렇게 기도할 수 있을 것이다.

"저는 주부로서 오늘 하루 이 가정을 지킬 사명을 가졌습니다. 날마다 같은 일이 되풀이되는 가운데 자칫하면 생활이 타성으로 흐르려 하지만, 어제보다 오늘을 더 열심히 잘 살 수 있도록 인도해 주십시오. 집안일 하나하나를 통하여 가족에 대한 따뜻한 배려와 깊은 사랑을 갖게 하시며, 또 여기에서 생활하는 깊은 의미를 발견할 수 있도록 해주시옵소서."

지금 나는 전혀 문제가 없을 때의 기도를 적어 보았으나, 가정에 특별한 문제는 없더라도 기도할 일은 많다. 우리 부부는 부모님, 형제, 친척, 친구, 은인, 아는 이, 이웃, 목사님들, 출판사 관계자들, 삽화 그리는 분, 일본의 정치가와 실업가 등 2백 여 명이 넘는 사람들을 위해 매일 기도하고 있다.

이것은 무척 시간이 걸리는 일이지만, 생각해 보면 이 기도가 사람들과의 교제 중에서 가장 근본적인 것인지도 모른다고 생각된다.

기도를 받는 사람들은 우리가 매일 그 사람을 위하여 하나님께 기도한다고는 상상조차 해본 일이 없을지 모른다. 그러나 어쨌든 365일, 이렇게 사람들의 이름을 입에 올리며 기도한다는 것은 진정한 의미의 교제라고 본다.

친구가 입원하면 문병을 가는 것은 누구나 하는 일이지만, 건강할 때나 병든 때나 그 사람을 위하여 필요한 기도를 계속해서 드린다는 것은 보통 사람들이 하지 않는 일인지도 모른다. 내가 감기에 걸렸을 때 기도해 준 이웃의 어린아이가 내가 병이 나은 모습을 보고 크게 기뻐해 주었던 일을 나는 항상 기억한다. 남을 위하여 기도하는 것은 기쁨도 슬픔도 함께하는 일이라고 말할 수 있을 것이다.

그러면 이제 우리 모두 노트를 펴고 기도해 주고 싶은 사람들의 이름을 적어 보자. 여기에서 또 새로운 생활이 시작된다고 말할 수 있지 않을까.

 **참으로** 인간이란 냉정한 존재다. 아무리 우리가 아프다고 외쳐 보아도 다른 사람은 조금도 아파하지 않는다. 아니, 몇몇 동정하는 사람이 없는 것은 아니지만, 결코 같은 마음으로 아파해 주지는 않는다.

누군가가 위독하다는 말을 들어도 "그만하면 이른 나이는 아니야"라든가, "술을 너무 많이 하기 때문이야"라고 한마디로 끝내 버리는 사람이 얼마나 많은가. 자기의 아픔이라면 새끼손가락 하나만 다쳐도 아프다. 하지만 남의 아픔이라면 3년이라도 참는 것이 인간이다.

그러나 나는 안다. 단 한 분, 우리 심신의 아픔을 함께 느껴 주는 분이 계시다는 것을. 그분은 예수 그리스도의 아버지이신 하나님이시다. 2천여 년간 얼마나 많은 고민하는 사람들이 이 그리스도의 아버지이신 하나님께 기도하여 위로를 받았던가!

아버지이신 하나님

그러므로 내가 너희에게 말하노니 무엇이든지 기도하고 구하는 것은 받은 줄로 믿으라. 그리하면 너희에게 그대로 되리라(막 11:24).

전 장의 마지막에서 나는 노트를 펴서 기도해 주고 싶은 사람의 이름을 적자고 했다. 상대가 모르는 곳에서 그 사람을 위하여 기도한다는 것은 참으로 그 사람과 교제하려는 자의 모습이 아니냐고도 했다.

기도 노트에 써 둘 이름을 우리는 얼마나 가지고 있을까? 자기의 일, 가족의 일, 그것에만 그친다면 너무나 좁게 살고 있는 것이다. 사람들을 위하여 얼마나 기도하는가? 그것은 곧 얼마나 많은 사람에게 관심을 가지고 있는가 하는 것이다. 그런데 그 한 사람 한 사람이 가지고 있는 문제를 우리는 정확히 파악하고 있는가? 남편에게는 지금 대체 무엇이 문제인가? 아들이 진정으로 고민하는 것은 무엇인가? 딸이 가장 원하는 것은 무엇인가? 같은 지붕 밑에 살아도 우리는 뜻밖에 그것을 모르고 살아가고 있지 않은가? 하물며 남의 고민이나 소원 같은 것을 우리는 사실 알 까닭이 없는 것이다.

내가 아는 어떤 사람은 아침에 눈을 떠 보니 남편이 자리에 없었다고 한다. 화장실에 갔겠지 하고 마음을 놓았는데 몇 분이 지나도 돌아오지 않았단다. 드디어 이상하다는 생각이 든 것은 30분이 지나면 서부터였다. 화장실에 가 보았으나 남편은 없었다. 남편의 양복도 구두도 없었다. 그리고 그대로 남편은 돌아오지 않았다. 아직도 여전히 행방불명이라고 한다.

왜 남편이 없어졌는가? 한 줄 적어 놓은 쪽지도 없으므로 아내인 그녀도 알 길이 없었다. 그 알 길이 없는 그녀에게 여러 가지 정보가 흘러 들어왔다. 즉 "사업이 막다른 골목에 와 있다"라든가, "상사와의 사이가 좋지 못했다" 혹은 "다른 여자와 깊은 관계에 들어갔다" 등 모든 정보가 그녀로서는 짐작이 가지 않는 것뿐이었다. 한 지붕 밑에 살고, 한솥밥을 먹고, 베개를 나란히 베고 자고 있어도 사람은 얼마나 고독한 존재인가? 그리고 사람은 얼마나 둔감한 존재인가? 우리는 상대가 무엇을 생각하고 있는지 모르는 채 살아갈 때가 뜻밖에도 많지 않은가?

그러나 우리는 아무 문제가 없는 때에는 자신의 마음을 잘 알고 있다고 생각하며, 또한 상대의 마음을 잘 알고 있다고 생각한다. 그러나 사실은 아무것도 모르고 있는 경우가 뜻밖에도 많다.

위에서 말한 내가 아는 사람이 말했다.

"사업이 막다른 골목에 이르렀다면 그래도 좋다. 상사와의 관계가 좋지 않았다면 이해할 수 있다. 그러나 다른 여자가 생겼다면 두 번 다시 이 집 문턱을 넘을 수 없다."

나는 그 마음을 잘 알 수 있다. 아내들은 대체 남편의 무엇을 용서할 수 없는가? 술버릇이 나쁘다든지, 노름에 빠져서 경제적으로 어렵게 되었다든지 하는 것도 물론 용서하기 어려운 결점이리라. 그러나 바람기는 그것들보다 아내들을 훨씬 더 깊은 구렁텅이로 빠뜨리는 처참한 일이 아닐까?

나는 기도 노트를 만들자고 했다. 우리가 기도할 상대와 기도 제목을 기록하자고 했다. 남편의 기도 제목에 건강이라든가 일에 관한 것을 쓰는 아내는 아직 행복하다. 그러나 거기에 남편의 여자 문제를 적지 않으면 안 된다면, 우리는 그 일에 대해 어떻게 기도할 수 있겠는가? 지금 여기서 눈을 감고 함께 그 일을 생각해 보려 한다.

사실 남편에게 여자 문제가 생겼다면, 세상 아내들에게 기도 따위는 문제가 아니지 않은가? 학창 시절에 아무리 성적이 좋았던 여성이라도, 또 아무리 집안일에 능숙하고 사회적으로 뛰어난 일을 하고 있는 여성이더라도 한결같이 질투심과 절망감으로 괴로워할 것이다.

내가 다른 곳에서도 쓴 일이 있지만, 남편이 암 선고를 받았다는 것보다도, 남편이 다른 여자를 사랑하고 있다는 고백을 들었을 때 아내들은 훨씬 심각한 충격을 받는다고 한다. 나 역시 만일 남편에게 그런 문제가 생겼다면 그때도 기도할 수 있을지 참으로 자신이 없어진다. 단지 남편의 여자 문제에 넋을 잃고 고민만 할 것이다. 이것은 아마 누구나 마찬가지일 것이다.

'이처럼 정성을 다해 왔는데……'

'그 여자는 나보다 나이도 많은데……'

'내가 더 미인인데……'

'그렇지 않으면 내가 뛰쳐나가 줄까? 아냐, 아냐, 남편을 죽이고 나도 함께 죽어 버릴까?

이렇게 저렇게 아침부터 밤까지, 밤부터 아침까지 고민하고 또 고민한다. 남편의 귀가가 조금이라도 늦어지면 여기저기 전화를 걸어 확인하고, 흥신소에 부탁하여 찾아보며, 상대편 여자에게 남편의 일을 슬쩍 물어 보기도 하고, 아는 사람과 의논하기도 하며, 또 아직 학교도 다니지 않는 어린아이에게 "네 아버지는 나쁜 사람이야!"라고 성을 내기도 한다. 이러한 이야기를 흔히 들으나, 나는 그것을 나무랄 수가 없다. 나 또한 같은 말을 하고 같은 행동을 할 거라고 생각하기 때문이다. 그렇게 생각하는 내가 그러한 남편들을 위하여 "기도합시다"라고 말하는 것은 무척 마음이 괴로운 일이다. 그러나 나는 괴로워도 기꺼이 말할 수밖에 없다.

"기도합시다. 남편을 위하여 기도합시다."

인간이 산다는 것은 고통을 참고 사는 것이다. 자기가 받는 상처는 자기가 아파할 수밖에 도리가 없다. 자기의 상처를 남에게 함께 아파하자고 요구할 수는 없다.

참으로 인간이란 냉정한 존재다. 아무리 우리가 아프다고 외쳐 보아도 다른 사람은 조금도 아파하지 않는다. 아니, 몇몇 동정하는 사람이 없는 것은 아니지만, 결코 같은 마음으로 아파해 주지는 않는다. 아무리 남편의 바람기를 호소해 보아도 보이지 않는 곳에서는 "어디나 있는 이야기지, 그 집 주인만 바람기가 있는 것은 아니야. 그렇게 요란하게 떠들 것은 없어" 하고 비웃는 사람까지 있다. 이야기가 좀 빗나가는 것 같지만, 누군가가 위독하다는 말을 들어도 "그만

하면 이른 나이는 아니야"라든가, "술을 너무 많이 하기 때문이야"라고 한마디로 끝내 버리는 사람이 얼마나 많은가. 자기의 아픔이라면 새끼손가락 하나만 다쳐도 아프다. 하지만 남의 아픔이라면 3년이라도 참는 것이 인간이다.

그러나 나는 안다. 단 한 분, 우리 심신의 아픔을 함께 느껴 주는 분이 계시다는 것을. 그분은 예수 그리스도의 아버지이신 하나님이시다. 2천여 년간 얼마나 많은 고민하는 사람들이 이 그리스도의 아버지이신 하나님께 기도하여 위로를 받았던가! 나 또한 그 중의 한 사람이었다. 진정으로 위로해 주는 분이 계신 것을 알기 때문에 나는 남편의 바람기에 대해서도 기꺼이 "기도합시다"라고 말하는 것이다.

상대와 갈라질 작정이라면 별문제이겠지만, 일생을 함께할 생각이라면 역시 기도하는 것밖에 할 수 없지 않은가. 아니, 기도하는 것만이 우리가 사는 유일한 방법이 아니겠는가.

남편을 미워하고 상대편 여자를 비난하며 여러 가지 상상 속에서 자기를 괴롭히며 살아가는 생활과, 모든 것을 아시는 하나님께 기도하며 사는 생활 중에 어느 것을 자기의 생활로 하고 싶다고 우리는 생각하겠는가?

가령 인간은 그 육신을 감옥에 넣을 수는 있어도 그 마음까지 매어 놓을 수는 없다. 자기의 마음을 어떻게 할 수 없는 것과 같이 상대의 마음 또한 어떻게 할 수가 없다. 상대편 여자와 손을 끊으라고 해도 결코 요구한 대로 되지는 않는다. 저쪽을 향해 있는 사람을 이쪽으로 향하게 하는 것은 인간에게는 불가능한 것이다. 그러나 성경에는 하나님께서 사람의 마음을 변화시키실 수 있다는 말이 여러 군데 쓰여 있다. 아니, 쓰여 있을 뿐만 아니라 2천 년 기독교의 역사에서 그와 같이 하나님에 의해 마음의 변화를 받은 사실은 이루 셀 수 없이 많다.

이를테면 성 어거스틴도 그 중의 한 사람이었다. 어거스틴은 방탕아였다. 지금이야 성 어거스틴이라고 존경받고 있지만, 그가 한창 방탕했던 시절에는 어느 누가 그가 성인이라고 일컬음 받을 사람이 되리라고 믿었겠는가. 아마 틀림없이 어느 누구도 그의 방탕이 그치리라고 믿은 사람은 없었을 것이다.

아니, 한 사람 있었다. 그것은 그의 어머니였다. 어머니의 간절한 기도가 그 배후에 있었다. 어머니만은 믿고 있었던 것이다. 아니, 혹은 어머니도 자주 실망하면서 기도했는지 모른다. 어쨌든 이리하여 방탕아 어거스틴은 성 어거스틴으로 변했던 것이다.

성경에 나오는 바울이라는 대 사도도 기독교 박해의 선두에 섰던 인물이었다. 그렇지만 나중에는 성경에 여러 가지 서간을 써서 남길 정도의 신앙의 용사로 변했다. 생각해 보면, 구태여 어거스틴이나 바울을 예로 들 것도 없이 2천 년 전의 그 옛날부터 지금까지 신자가 된 사람들은 모두 다소간에 바울이나 어거스틴처럼 생활 태도를 180도 전환한 사람들이다. 나 자신이 그러했다. 나를 인도해 준 어릴 적의 친한 친구 마에가와(前田正)라는 청년은 자주 내 일 때문에 어찌할 도리가 없어서 자기 선배에게 상담을 했다. 그 선배가 마에가와에게 보낸 편지 속에는 다음과 같은 말이 있었다.

"그런, 어찌할 수 없는 여성에게 더 이상 관심을 가지지 말아요."

그런 말을 듣던 내가 그리스도의 말씀을 전하고 싶어하는, 글쓰는 사람이 되리라고는 이미 이 세상에 없는 마에가와는 전혀 상상도 못했을 것이다.

어쨌든 2천여 년 동안 전 세계에 전능하신 하나님을 믿게 된 많은 사람들이 있는 이상, 바람기 있는 남편도 변할 수 있는 가능성이 없다고 누가 단언할 수 있겠는가. 중요한 것은 계속해서 기도하는 일이다. 확신을 가지고 계속 기도하는 일이다. 우리 인간의 잔소리나 질책으로는 변하지 않더라도 기도로 변한 사람은 수없이 많은 것이다.

지금 나는 확신이란 말을 썼다. 확신이란 굳게 믿는다는 뜻이다. 이에 대하여 성경은 이렇게 적고 있다.

그러므로 내가 너희에게 말하노니 무엇이든지 기도하고 구하는 것은 받은 줄로 믿으라 그리하면 너희에게 그대로 되리라(막 11:24).

결국 "부디 남편이 본래의 남편으로 돌아오도록 인도해 주십시오"라고 기도할 때, 이미 그 기도가 이루어졌다고 확신하라는 것이다. 물론 이것은 어려운 일이다. 우리는 하나님께 기도할 때 너무도 곤란한 상태 속에서 기도하고 있다. 남편은 다른 여자 곁에서 돌아오지 않는다. 혹은 이혼이라는 말조차 내비친다. 아내의 말에는 전혀 귀를 기울이지 않는 상태일 때, 자기의 기도가 확실히 이루어질 것이라고 믿는 것은 결코 쉬운 일이 아니다. 그러나 믿고 기도하는 것 외에는 기도가 이루어질 길은 없다.

"하나님 따위가 있을 것인가? 기도란 혼잣말에 지나지 않는 것이 아닌가?"

만일 그렇게 믿음 없는 마음으로 기도한다면, 그런 기도는 하나님께 도달할 수가 없다. 그런데 나는 요즈음 기도라는 것은 먼저 자기 자신을 변화시키는 것이 아닌가 하는 생각이 든다. 참으로 거룩하신 분 앞에 무릎을 꿇고 자초지종을 하나님께 호소해 보자.

"하나님, 저는 열심히 남편을 사랑해 왔는데, 남편에게 여자가 생겼습니다. 부디 남편의 마음을 변화시켜 전과 같이 돌아오게 해주시옵소서."

그리고 구체적으로 남편의 비행을 하나님께 말해 본다. 마치 사람 앞에서 털어놓고 말하듯이 말이다. 그러한 기도를 아침 저녁으로 되풀이하는 가운데 틀림없이 자기의 기도가 어쩐지 우습다는 것을 깨닫게 될 것이다.

"과연 남편만 나쁜 것일까? 나의 태도 중에 남편을 쫓아내는 면이 있었던 것은 아닐까?"

인간관계 중에서 어느 한 편이 일방적으로 나쁜 일은 극히 드물다. 물론 아내가 정성껏 잘 해주는데 다른 여자에게 마음을 두는 남편도 있다. 그렇지만 아내 자신의 태도가 백 퍼센트 좋다는 것은 있을 수 없다. 그것을 깨달으면 기도는 변하게 된다.

"하나님, 만일 저 자신에게 남편을 쫓아내는 차가움이나 불성실이 있었다면 먼저 그것을 깨닫게 해주시옵소서. 남편만 비난하는 마음에서 저 자신을 돌아보는 마음이 되게 해주시옵소서."

이처럼 기도가 변하면 그것은 이미 자기 자신이 변했다는 증거다. 거기서 다시 기도는 다른 모습을 띠게 될 것이다.

"생각해 보면, 저는 남편을 죄인 보는 듯한 눈으로 보고 있습니다. 확실히 여자에게 마음을 빼앗기고 있는 남편을 서운하게는 생각하지만, 그렇더라도 따뜻한 마음으로 대할 수 있는 힘을 주시옵소서. 울부짖거나 비난하는 것이 아니라, 조금이라도 남편을 기분 좋게 대할 수 있는 힘을 주시옵소서."

기도는 이와 같이 차차 자기를 향상시켜 주는 것이 아닐까? 그러한 끊임없는 기도는 반드시 이루어져서, 남편 또한 마음이 너그러워진 아내에 대하여 고분고분해질 수 있지 않을까? 그리고 또다시 기도는 변할 것임에 틀림없다.

"나는 남편이 사랑하는 여성에 대하여 증오심만을 갖고 있었습니다. 아무쪼록 이 증오심을 없애 주옵소서."

이 같은 기도까지 할 수 있는 인간이 되어 가는 것이 아닐까 생각한다. 아까 말한 마가복음의 말씀에 이어 그리스도는 이렇게 말씀하신다.

또 서서 기도할 때에 누구인가에 대하여 원한이 있으면 용서하라.

어느 누구에게 원한을 품고 하나님 앞에 나아갈 수는 없는 것이다. 그것도 기도하는 중에 깨닫게 되는 것이다.

아픈데 남의 일을 생각할 수 있느냐고 말할지 모르나, 병자라도 남을 웃기기 위하여 농담을 잘 하는 사람도 있으며, 몸은 꼼짝도 못하면서 남의 상담에 응해 주기도 하고, 언제나 남의 부탁을 들어주는 사람도 있다. 병 때문에 학교와 직장을 쉬지 않으면 안 된다 하더라도 인간은 쉬고 있을 필요가 없다. 아무리 병은 마음으로 앓는다고 하더라도, 몸의 병을 마음에까지 미치게 해서는 안 된다. 병상은 자기에게 주어진 시련의 처소다. 자기를 연단하는 처소다. 그렇게 생각하고 적극적으로 자기라는 인간을 조금씩 고쳐 가도록 해보면 어떨까?

병들었을 때

이 사람들은 다 믿음을 따라 죽었으며, 약속을 받지 못하였으되 그것들을 멀리서 보고 환영하며, 또 땅에서는 외국인과 나그네라 증거하였으니…(히 11:13).

    우리가 기도하지 않고는 견딜 수 없는 때 가운데 하나가 병들었을 때이다. 사람은 '병의 그릇'이라고 할 만큼 여러 가지 병에 걸릴 가능성이 있다. 평소 건강한 때는 무엇이나 자기 힘으로 해 나갈 것 같은 자신감에 넘치지만, 일단 병에 걸리면 전혀 딴 사람처럼 무력하게 된다. 그것이 인간의 정직한 모습이다.

    어딘가에 쓴 적이 있다고 생각되는데, 좀 무서운 병에 걸리면 평소에 아무리 콧대가 높은 사람이라도, 일할 능력이 있는 사람이라도, 재능이 있는 사람이라도 가엾을 정도로 마음이 약해져 버린다. 문병을 가서 기도를 하면 대개의 사람이 눈물을 머금는다. 사람 앞에서 도저히 눈물을 보이지 않을 것 같은 남자라도 눈물을 흘리는 경우를 흔히 보게 된다. 그만큼 병이란 사람의 마음을 약하게 하고 불안에 빠뜨린다. 그런데 그것은 무리가 아니라고 나는 생각한다. 왜냐하면 병든 상태란 죽음에 가까워진 것이기도 하기 때문이다. 병의 종류에 따라서는 바로 죽을 수밖에 없다. 그것이 병이라는 것이다. 병의 종류에 따라서는 바로 비수를 목 밑에 들이댄 것과 마찬가지이기도 하다.

지금 아무리 건강한 사람이라 할지라도 내일 암이라는 선고를 받는다면 어떤 심정이 될 것인가. 병자의 불안과 초조를 쉽게 상상할 수 있다. 다만 병명에 따라 그것이 약하냐 강하냐의 차이가 있을 뿐, 근본적으로 생명이 위협 받고 있는 상태임에는 다름이 없다. 나도 13년간 요양생활을 했으므로 병자의 기분을 잘 알 것 같다. 단지 생명의 위험을 느낄 뿐만 아니라(그것만으로도 주저앉을 것 같은 중압감이 들지만) 경제적인 불안을 느낄 사람도 있을 것이며, 일이 늦어지는 것에 대해서 초조감을 느낄 사람도 있을 것이다.

또 병의 종류에 따라서는 결혼 시기가 늦어지고, 연애의 파탄이 오고, 이혼의 쓰라림을 겪는 등 참혹하기까지 한 현실에 부대끼게 되기도 한다. 한 집안의 가장이 병에 걸리면 경제적인 불안을 느끼지 않는 가정이 없다. 또 오랜 병 때문에 부부 사이가 금이 가는 것을 나 또한 싫도록 보아 왔다. 이와 같이 병은 그것이 주는 불안으로 인해 여러 가지 커다란 두려움을 일으킨다. 그런 가운데 병자가 "어떻게 해서든지 낫고 싶다"고 바라며 초조해하는 것은 당연하다. 이러한 때에 우리는 도대체 어떻게 하나님께 부르짖으면 좋겠는가? 어떻게 기도하면 좋겠는가? "하나님, 어떻게 해서든 이 병을 고쳐 주십시오"라는 기도만으로 좋겠는가? 그것을 좀 생각해 보고 싶다.

내가 폐결핵에 걸린 것은 1946년 봄이었다. 요양소에 들어가자마자 어떤 종교의 포교사(布敎師)가 찾아왔다. 당시 폐결핵에는 특효약이 없었다. 스트렙토마이신이며 파스며 하이드라지드가 일반 치료에 사용된 것은 수년 후의 일이었으므로 사람들은 폐병을 몹시 싫어했다.

"4년 만에 듣는 숙부의 음성 잠시 들리고는 나를 찾아도 안 보고 그대로 돌아갔네."

내가 지은 단가(短歌)에 이런 것이 있다. 그만큼 폐결핵은 사람이 싫어하는, 전염성이 강한 병이었다. 그러한 내게 누구보다도 먼저, 그리고 누구보다도 자주 문병을 와 준 그 포교사의 따뜻함은 고마웠다. 그리고 그 포교사는 "폐병은 색정의 인연이 오른쪽 폐에, 오만의 인연이 왼쪽 폐에 온다"는 따위의 말도 내게 해주었다.

나는 그때 젊은 남녀로서 연애하지 않는 사람은 없을 것이며 어떤 인간이라도 오만을 가지고 태어나지 않은 자는 없을 것이므로, 이것은 누구에게든지 그렇게 보일 거라고 생각했다. 나는 별로 반발도 하지 않았고, 이렇게 하여 자기의 죄를 깨닫게 하려는 그 교묘한 포교에 어떤 종교적 자세를 느끼기까지 했다.

그러나 그것은 잘못하면 앓고 있는 사람을 질책하거나 위협하는 것으로만 그칠 염려가 있었다. 또 그 후 내가 기독교에 입문했을 때, 어떤 열렬한 신흥종교 신자가 내 머리맡에 와서 말했다.

"기독교 같은 사교(邪敎)를 믿으면 나을 병도 낫지 않아요. 내가 믿는 종교를 믿으면 반드시 병이 나아요. ○○병 병자인 사람도, ××병 병자인 사람도 다 나았어요."

그는 이렇게 말하며 끈질기게 자신의 종교를 믿기를 권했다. 나는 설령 지금 곧 죽더라도 나의 신앙은 변할 수 없다며 돌려보냈으나, 병자들 중에는 이러한 위협으로 그 종교를 믿게 되는 사람도 많을 것이다. 병에서 꼭 낫고 싶다는 것은 절실한 소원이다. 현실적으로 여러 번 쓰러지며 괴로워하는 사람도 있고, 날마다 고열로 고통 받는 사람도 있다. 나도 미열, 식은땀, 식욕부진, 권태감 속에서 체중이 잴 때마다 줄어갔다. 이따금 피가 섞인 가래가 나오고 약간의 객혈을 하기도 했다. 가족들에게는 경제적으로 커다란 부담을 지웠다.

그러나 이윽고 나는 기독교를 믿기 시작했고, 기도하는 중에 "하나님, 아무쪼록 하나님의 뜻이거든 저의 병을 고쳐 주시옵소서"라고 소박하게 기도하게 되었다. 그리고 또 신자들과 목사님이 찾아와서, 그들도 나와 마찬가지로 내 병을 낫게 해 달라고 기도해 주었다. 그 기도는 내게 힘과 평안을 주었다. 그런데 그렇게 1년쯤 지났을 때였을까, 나는 어느 날 문득 의문이 생겼다. "병이 낫도록 해 달라는 기도는 대체 정말로 내게 무엇보다도 중요한 기도일까?"라는 의문이었다.

인간이 병에 걸린다, 그리고 낫는다. 그렇다면 병이란 것은 말하자면 나아서 본디대로 되는 것뿐이 아닐까? 좀 극단적인 말일지 모르나, 병 이전의 자신으로 되돌아올 뿐이라면, 병이란 것은 자신에게 있어서 단지 마이너스의 기간이 있었다는 것뿐이 아닐까? 나는 모처럼 병에 걸린 것이다. 폐병이라고 하는 큰 병에 걸린 것이다. 만일 이 병에서 나았다 하더라도 나는 언젠가 또 병에 걸리고, 그리고 언젠가는 죽는 것이다. 어떤 인간이라도 언젠가는 반드시 죽을 터이다. 내가 병에 걸린 이상 병자로서 생각하지 않으면 안 되는 것은, 낫는 노력을 함과 동시에 '죽음에 대하여 생각하는' 일이 아닐까? 그리고 죽음에 대하여 생각하는 일은 '삶에 대하여 생각하는' 일이 아닐까?

"모처럼 병에 걸린 것이다."

나는 병자로서 나 자신의 생활을 근본적으로 다시 생각해 보고 싶다고 생각했다. 그리고 신약성경 히브리서를 읽고 심히 마음이 끌리는 말씀에 접했다. 그것은 다음의 말씀이었다.

이 사람들은 다 믿음을 따라 죽었으며 약속을 받지 못하였으되, 그것들을 멀리서 보고 환영하며, 또 땅에서는 외국인과 나그네로라 증거하였으니(히 11:13).

나는 이 성구를 발견했을 때 말할 수 없이 부러운 생각이 들었던 것을 잊을 수가 없다. 사람은 죽는다. 모든 사람은 죽는다. 반드시 죽는다. 죽을 때 사람은 도대체 무엇을 가슴에 안고 죽을까? 병이 낫지 못한 것에 대한 한일까? 다른 사람에 대한 미움일까? 고독의 슬픔일까? 금전에 대한 집착일까? 육친에 대한 끊을 수 없는 애착일까? 죽음의 공포일까? 그렇지 않으면 하나님의 진실에 안식할 소망일까?

믿음을 품고 죽었다. 얼마나 부러운 일인가! 나는 절실히 그렇게 생각했다. 낫기보다도 먼저 신앙을 가지는 것이 선결 문제가 아닌가? 주리고 목마른 것같이 그렇게 생각했다. 낫든지 낫지 못하든지 내 가슴에 신앙을 가지고 싶다고 나는 생각했다.

어느 날 나의 신앙의 인도자가 찾아와서 여느 때와 같이 내 병을 위하여 기도했을 때 내가 말했다.

"병에서 낫는 일보다도 참 하나님을 믿을 수 있게 해 달라고 기도해 주십시오."

내가 이러한 심경이 된 것은 결국 나 자신도, 나를 둘러싼 사람들도 기도의 주축이 병을 고치는 데 있었기 때문이다. 앞 장에서도 말했지만, 되풀이하여 기도한다는 것은 새로이 자신이 사는 길을 생각하게 해주는 것이다.

'이런 기도를 해도 좋을까?' 기도하는 중에 반드시 이러한 의문에 봉착하는 것이다. 그리하여 이윽고 나는 나의 집이 있는 아사히가와(旭川)를 떠나서 삿포로의 의대 병원에 입원했다. 그리고 1년 후에 세례를 받았다. 38도까지 오르는 열이 계속되고, 척추 카리에스가 병발하고, 여의치 못한 병상의 날들이 계속되었지만, 나는 이상하게 편안했다. 몇 사람인가의 환자를 맡은 간호사(부인)가 내 시중을 들어주었다. 언젠가 나는 그녀에게 말했다.

"만일 제가 이대로 위독하게 되더라도 결코 제 가족들에게는 알리지 마세요. 죽은 후에 알려 주세요."

지금 생각해도 그때의 나는 죽음의 공포에서 벗어나 있었다고 생각한다. 그것은 신앙에 들어온 기쁨 때문이었을 것이다. 믿음을 갖게 된 기쁨은 그만큼 컸다. 줄곧 누워 있어 남에게 변기 시중을 시키면서도, 나의 첫 번째 일은 친구에게 그리스도를 전파하는 일이었다. 나는 침상에 엎드린 채로 엽서를 썼다. 그것은 한 장 쓰는 데 3일이 걸렸다. 그래도 나는 얼마나 기뻤던가! 병자가 기쁨을 느끼게 되면, 비록 병은 낫지 않았더라도 이미 그 병자는 병에 눌려 있는 병자가 아니다.

세상에는 이처럼 기뻐하는 병자가 많이 있다. 몇 해 전 〈주부의 벗〉 사에서 『나의 은혜가 네게 족하다』라는 시가집(詩歌集)을 낸 미즈노(水野源三郎) 같은 사람은 손발도 쓰지 못하고 말도 못하는 무거운 증세의 뇌성마비에 걸린 분이다. 하지만 그분의 시와 단가를 보면 참으로 인간의 높은 영성(靈性)에 경탄하지 않을 수 없을 것이다.

또 한센씨 병에 걸린 사람들이 간신히 호흡밖에 하지 못하는 중태에 있으면서도 신앙으로 인해 기뻐하며 사는 모습을 보면, 틀림없이 병자가 먼저 해야 할 일이 무엇인지를 저절로 알게 될 것이다.

그러면 앓는 사람은 하나님께 어떤 기도를 드리면 좋은가? 나는 병 자체에 대하여 기도하기보다는, 자기 자신의 나날의 삶을 인도해 달라는 기도를 더 많이 하는 것이 중요하다고 생각한다.

원래 인간은 누구나 자기 중심적인 존재이지만, 병에 걸리면 그 정도가 더욱 심해진다. 집안 식구를 불러 곧 오지 않으면 신경질을 부리며 성을 내든지, 병이 악화되면 불안해서 호통을 치거나 주위 사람을 성가시게 굴어 아무래도 그의 주변이 어두워지기가 쉽다.

그러한 자기를 깊이 살펴보고 솔직히 하나님 앞에 기도해 보면 어떨까?

"하나님, 오늘도 저는 신경질을 부리며 사람을 괴롭혔습니다. 아무쪼록 그런 저를 주위의 사람들을 이해하는 인간으로 변화시켜 주시옵소서. 아무리 작은 일에도 감사의 말을 할 수 있는 부드러운 마음을 주시옵소서. 저를 위하여 염려해 주는 사람들에게 마음을 밝게 해 주는 말을 할 수 있는 사람으로 만들어 주시옵소서."

이같이 자기의 생활에 맞는, 가장 필요하다고 생각되는 일을 하나님께 기도하면 좋지 않을까.

아픈데 남의 일을 생각할 수 있느냐고 말할지 모르나, 병자라도 남을 웃기기 위하여 농담을 잘 하는 사람도 있으며, 몸은 꼼짝도 못하면서 남의 상담에 응해 주기도 하고, 언제나 남의 부탁을 들어주는 사람도 있다. 병 때문에 학교와 직장을 쉬지 않으면 안 된다 하더라도 인간은 쉬고 있을 필요가 없다. 아무리 병은 마음으로 앓는다고 하더라도, 몸의 병을 마음에까지 미치게 해서는 안 된다. 병상은 자기에게 주어진 시련의 처소다. 자기를 연단하는 처소다. 그렇게 생각하고 적극적으로 자기라는 인간을 조금씩 고쳐 가도록 해보면 어떨까?

자택에서 요양하는 사람은 가족을 위로하며, 입원 가료 중에 있는 사람은 주위의 병자, 의사와 간호사를 위하여 기도한다. 그것은 결코 불가능한 일이 아니다. 물론 대단히 괴로운 중에 있으면 그럴 여유가 없을 것이다. 그러나 그런 중이라 하더라도, 가령 말할 수는 없어도 남을 동정하는 마음을 지닐 수는 있다.

무서운 증세의 결핵 환자였던 어떤 여성이 괴로운 나머지 복도까지 들릴 정도로 신음한 일이 있다. 그러나 그녀는 문병을 간 사람에게 "용서하세요, 시끄러우셨지요?" 하고 사과했다는 말을 들었다. 그녀는 얼마 후 죽었으나 그녀의 말은 그 후 얼마나 많은 환자들의 옷깃을 여미게 했는지 모른다. 그러한 삶의 자세는 누구에게나 가능한 것이다. 만일 병이 오래 갈 뿐 그다지 고통이 따르지 않는 사람이라면 더욱 많은 사람을 위하여 기도할 수 있다고 생각한다. 같이 앓는 사람을 위하여, 복지 정치를 위하여, 세계의 평화를 위하여 등 기도할 제목은 얼마든지 있다.

암에 걸린 어떤 노인이 날마다 2천 명의 사람을 위하여 기도하며 "바쁘다, 바빠"라고 했다는 이야기를 들은 일이 있다.

또 일본에도 '기도의 벗 모임'이란 것이 있어서, 날마다 오후 세 시에는 전국 각지의 병자들이 마음을 합하여 기도한다. 이 모임의 회장은 니시가와 시즈(西川殘)란 사람인데, 그 사람 자신이 몇십 년을 병과 싸운 용사다. 그리고 이 모임의 회원들 중에는 아직도 20년, 30년 동안 줄곧 누워서 생활을 하는 사람도 적지 않다. 어쨌든 자기의 일만을 위하여 괴로워하고 고민하면서 매일을 지내는 병자가 있는가 하면, 전국의 사람들과 손을 잡고 서로 격려하고 위로하며 건강한 사람도 할 수 없는 고귀한 기쁨의 처소를 만들어 내는 병자도 있다.

아래의 글은 줄곧 누워서 눈을 깜빡이는 동작밖에 하지 못하는 미즈노 씨의 시다.

> 날마다 잊지 않고
> 편지만 할 뿐 한 번도 만난 일이 없는
> 몇 년 전인가 한 번 만났을 뿐
> 얼굴은 잊었으나
> 주(그리스도) 안에 있은 후부터는
> 날마다 잊지 않고
> 한 사람 한 사람을 위하여 기도한다.

누가 죽을 때마다 나는 그 사람에게 무엇을 해주었던가 하고 언제나 반성하게 된다. 그때마다 생각하는 것은, 그 사람에 대해 얼마나 사랑이 부족했던가 하는 아쉬움이다. 아버지가 돌아가셨을 때도, 동생이 죽었을 때도 그러했다. 현세적인 의미에서는 나는 그렇게 불효자도 아니며 형제애가 없는 편도 아니다. 아버지의 집을 지어드리기도 했고, 동생에게 용돈을 주기도 했으며, 형식적으로라도 할 일은 했다. 그러나 '어떻게 살아갈 것인가'라는 영혼의 문제에 대해서는 마음을 다하여 말해 본 적이 그렇게 많지 않다. 그것이 언제나 나의 마음에 남는 것이다. 그리고 그 때문에 "나는 이 사람에게 무엇을 해주었는가" 하고 뉘우치는 것이다.

죽음에 대하여

아무것도 염려하지 말고 오직 모든 일에 기도와 간구로
너희 구할 것을 감사함으로 하나님께 아뢰라(빌 4:6).

 일전에 수험 공부를 하던 소녀가 책상에 의지하여 앉은 채 너무 지치 나머지 죽었다는 기사를 신문에서 보았다. 그 어머니는 너무 슬퍼서 소녀의 유해를 꼭 껴안고 화장터에 옮기는 것조차 거절했다고 쓰여 있었다. 그 기사를 보고 세상의 부모인 사람이라면 남의 일로 생각하지 않았을 것임에 틀림없다. 그 소녀는 아마 희망하던 학교를 목표로 날마다 있는 힘을 다하여 공부를 했을 것이다. 비록 괴롭더라도 입학하는 날의 기쁨을 생각하고 용감하게 참았을 것임에 틀림없다.
 그러던 것이 수험일을 눈앞에 두고 갑자기 죽은 것이다. 그것도 책상머리에 앉은 채로……. 우리는 많거나 적거나 살아 있는 한 사랑하는 사람의 죽음을 경험하지 않을 수가 없다. 남편, 아내, 아들, 부모, 형제, 친구 등 자기가 먼저 죽지 않는 한 그들과의 이별은 반드시 온다.
 또 죽는 방법에도 여러 가지가 있어서, 병사(病死)도 있고 사고사(事故死)도 있으며, 또 자살도 있고 타살도 있다. 행방불명이란 형태로 눈앞에서 사라져 죽는 경우도 있다. 나도 나서부터 지금까지 사랑하는 육친의 죽음을 여러 번 체험해 왔다.

그 첫 번째는 여섯 살 때 경험한 동생의 죽음이었다. 동생은 병으로 죽었다. 그 아이가 죽었을 때 나는 너무 슬퍼서 혹 유령이라도 되어 나타나 주기를 바라는 마음으로 어두운 바깥에 나가서 동생의 이름을 불렀다. 두 번째는 둘째 오빠가 전쟁에서 병사한 것이다. 오빠는 당시 35세였다. 이때 장례는 둘째 오빠가 죽은 지 몇 달 후에 우리 집에서 치렀는데, 이미 몇 개월이나 지났는데도 슬픔에 겨워서 나는 몹시도 울어댔다. 그리고 아버지는 79세에 노환으로 돌아가셨다. 돌아가신 후 1년이 지날 때까지 아버지 꿈을 꾸지 않는 날이 없었다 해도 과언이 아니다.

이미 8년이 지났건만 아직도 한 달에 몇 번은 반드시 아버지 꿈을 꾼다. 그런데 아버지가 돌아가시고 나서 2년 후에 또 다른 동생이 죽었다. 그때 우리 부부는 어머니 집에 있었다. 한창 즐겁고 단란한 가정을 이루고 있었는데 동생이 교통사고를 당했다는 전화가 걸려왔다. 동생은 횡단보도를 건너다가 과속운전 차량에 치인 것이다. 그러고 나서 2년도 더 되는 기간 동안 나는 안방 불을 끌 때마다 소파 위에 앉아 있는 동생의 모습을 보는 것 같은 느낌이 들었다. 그것은 동생이 우리 집을 찾아온 마지막 날 목욕탕에서 나와 반나체로 소파에 앉아 있었기 때문이다. 그 동생의 꿈도 나는 참으로 많이 꾼다.

나의 자서전 『길은 여기에』에는 내 연인의 죽음이 기록되어 있다. 그가 세상을 떠난 후 1년 동안 나는 그가 숨을 거둔 새벽 1시 14분이 지나지 않으면 아무리 애를 써도 잠이 들 수가 없었다. 그리고 그를 회고하는 노래가 계속 읊어졌다.

　이상에서 알 수 있듯이, 나는 어느 편이냐 하면 깨끗이 단념하지 못하는 편이다. 슬픔이 깊은 편이다. 언제까지나 잊지 못하고 있는 편이다. 그러므로 사별의 쓰라림을 누구보다도 더 잘 안다. 그런데 여러 번 사람의 죽음을 겪더라도 우리는 사별에 익숙할 수 없다. 죽음이란 뼈로부터 살을 벗겨내는 것과 같은 강렬한 고통이기 때문이다. 이런 때에 사람은 대체 어떤 기도를 할 것인가? 인생의 가장 깊은 슬픔을 당한 때에 우리는 참으로 하나님을 우러러 기도할 수 있을까?

　많은 경우에, 사랑하는 자가 죽는 일을 경험했을 때 우리는 다만 슬퍼할 수밖에 어쩔 도리가 없는 것이 아닐까? 슬퍼해도 좋다고 생각한다. 아니, 좋고 나쁘고가 없다. 슬퍼하는 것은 당연하다.

　가령 자기 아들이 어느 나라의 왕이 된다 하더라도 그 때문에 영원히 이별해야 한다면, 부모로서 기뻐하기보다는 슬퍼하는 것이 당연하리라. 그러므로 죽은 사람에게 신앙이 있어 반드시 천국에 간다는 것을 알고 있다 하더라도 육친의 정 때문에 우리는 슬픈 것이 당연하다. 메이지(明治) 시대의 그리스도인들은 장례식 때도 "축하합니다"라고 했다고 한다. 그러나 죽음이 아무리 하나님 곁으로 가는 기쁜 일이라 하더라도 사별의 슬픔은 당연한 것이다. 하지만 슬프기 때문에 나는 거기에 기도의 필요가 있다고 통절히 느낀다.

　아버지가 돌아가셨을 때도, 또 동생이 죽었을 때도 나는 하나님께 기도했다. 기도하지 않고는 견딜 수가 없었다. 그러면 무엇을 기도했는가? 첫째로 사랑하는 자의 죽음 또한 감사한 일임을 알게 해 달라고 기도했다. "사랑하는 자의 죽음이 왜 감사한 일인가?"라고 사람들은 말할지도 모른다. 그러나 기도할 때는 먼저 하나님께 감사를 드리라고 가르치는 것이다. 성경에도 이렇게 쓰여 있다.

모든 일에 기도와 간구로 너희 구할 것을 감사함으로 하나님께 아뢰라 그러면 모든 지각에 뛰어난 하나님의 평강이 그리스도 예수 안에서 너희 마음과 생각을 지키시리라(빌 4:6~7).

일마다 감사하라는 것은 다시 말하면 어떤 일이 있으나 감사하라는 것이다. 결국 내 아들이 죽든, 병에 걸리든, 사고를 당하든 감사하라는 것이다. "그런 터무니없는 소리"라고 하면서 분노할 사람도 있을지 모른다. 나는 동생이 45세의 나이로 아내와 고등학교와 중학교에 다니는 두 아들을 두고 죽었을 때 먼저 그 동생의 죽음에 대하여 감사할 수 있게 해 달라고 기도했다. 조용히 하나님 앞에 머리를 숙이고 동생의 일생을 생각해 보았다. 동생은 원래 몸이 약하고 발육도 다른 형제들보다 늦었다. 그 동생이 차차 몸이 튼튼해져서 45세까지 살 수 있었던 것은 역시 감사해야 할 일이었다. 아버지는 이 동생이 결혼이나 할 수 있을까 하고 염려하셨는데, 결국 좋은 아내를 얻어 아들도 둘씩이나 두었다. 또 동생네는 부부 사이도 좋았다. 동생은 마음이 유순하고 누구에게나 친절했다. 나의 오랜 요양생활 동안에 형제 가운데 가장 도움을 많이 준 사람이 이 동생이었다. 그는 그 나름의 인생을 그의 책임하에 지내 왔다. 생각해 보면 그것은 모두 감사할 일이었다. 만일 그가 급성 폐렴을 앓았던 어린 시절에 죽었다면 45세의 인생마저도 없었을 것이다. 사람을 사랑하고 사람에게 사랑받은 동생의 인생은 감사하고도 남음이 있는 일이다.

그러나, 그러나…… 그 정다웠던 동생이 왜 갑자기 난폭한 운전에 의해 죽지 않으면 안 되었던가? 죽은 동생의 주머니에서는 두 개의 호두가 나왔다. 45세의 동생은 그 호두를 손에 쥐고 쉴 새 없이 손가락을 움직여 뇌출혈 예방을 꾀하고 있었음에 틀림없다. 그것을 생각하면 아직도 살 수 있었을 동생의 생명을 난폭 운전에 빼앗긴 것에 대해 고분고분 수긍할 수 없는 그 무엇을 느끼지 않을 수가 없었다.

참으로 사람의 죽음은 뜻밖에 찾아온다. 어제까지 씩씩하게 놀던 아이가 오늘은 말 못하는 차가운 몸이 되어 버린다. 여느 때와 같이 출근했던 남편이 직장에서 쓰러진다. 아니, 그러한 갑작스런 죽음만이 뜻밖인 것은 아니다. 가령 오래 병상에 누워 있었다 해도, 그것은 역시 가까운 사람에게는 뜻밖인 것이다.

일방적으로 아무 의논 없이 한 사람의 인간이 죽어 간다. 더구나 그것이 한창 일할 나이인 한 집안의 기둥의 죽음이라든가, 장래가 양양한 젊은이의 죽음이라든가, 또는 방금 걸음마를 시작한 어린아이의 죽음일 때, 그 죽음은 가족에게 심한 타격을 주지 않을 수가 없다. 그것은 그들이 꿈꾸던 미래를 빼앗겼기 때문이다.

집을 막 새로 짓고 죽은 사람이 있었다. 그는 오랜 고생 끝에 '겨우 이제야 여유 있는 생활을 하겠구나' 하고 생각한 때에 죽어 갔다. 남아 있는 사람들은 하다못해 1년만이라도 그가 새 집에서 살아 주었으면 싶었다. 그 생각이 한이 되어 슬픔의 씨가 되었다.

내일이 입학식 날인데 새 가방을 베개 맡에 둔 채로 불에 타 죽은 아니가 아사히가와(旭川)가 있었다. 부모로서는 "아이가 고대하던 학교에 하루라도 다녀보았더라면" 하고 탄식할 것이다.

이같이 육친을 잃은 슬픔은 '살아 있다면 얼마나 좋을까?' 하는 생각을 바탕 삼아 한없이 퍼져 나간다. 그러나 과연 행복이 기다리고 있었는지 아닌지를 어떻게 인간이 알 수 있으랴. 어느 길로 가는 것이 좋을지는 하나님만이 아신다. 우리의 인생이 우리 어리석은 인간의 계획대로 되는 편이 좋은지, 아니면 하나님의 계획대로 되는 편이 좋은지를 우리는 육친의 죽음을 통하여 물을 수 있지 않을까?

동생이 교통사고로 죽었을 때 내 마음에 떠오른 성경 말씀은 "모든 것이 합력하여 선을 이루느니라"는 말씀이었다. 나는 슬픔 가운데서 그 말씀의 확실성을 믿을 수 있었다. 하나님은 사랑이시다. 하나님은 어떤 사람과 그의 주변 사람들에게 가장 좋은 때를 택하여 죽음을 주시는 것임에 틀림없다. 그러므로 사랑하는 자의 죽음 앞에서 우리는 기도하지 않으면 안 된다. 죽은 후에 기도하면 무슨 소용이 있느냐고 사람들은 생각할지도 모른다. 그러나 만일 죽은 사람에게 입이 있다면 죽은 후에 비로소 하고 싶은 말이 틀림없이 있을 것이다.

"나의 죽음을 기회로 진실하게 사는 길을 구하라."

죽은 사람은 반드시 그렇게 바라고 있을 것임에 틀림없다고 나는 항상 생각한다. 죽은 사람만이 자신이 살아온 삶을 한없는 통탄으로 돌이켜볼 것이기 때문이다. 죽은 사람을 안타까워한다면 남아 있는 사람이 죽은 사람의 몫까지 충실히 살아야 한다고 생각한다. 그렇게 말해 주는 사랑하는 자의 소리에 귀를 기울여야 한다고 생각한다.

누가 죽을 때마다 나는 그 사람에게 무엇을 해주었던가 하고 언제나 반성하게 된다. 그때마다 생각하는 것은, 그 사람에 대해 얼마나 사랑이 부족했던가 하는 아쉬움이다. 아버지가 돌아가셨을 때도, 동생이 죽었을 때도 그러했다. 현세적인 의미에서는 나는 그렇게 불효자도 아니며 형제애가 없는 편도 아니다. 아버지의 집을 지어 드리기도 했고, 동생에게 용돈을 주기도 했으며, 형식적으로라도 할 일은 했다. 그러나 '어떻게 살아갈 것인가'라는 영혼의 문제에 대해서는 마음을 다하여 말해 본 적이 그렇게 많지 않다. 그것이 언제나 나의 마음에 남는 것이다. 그리고 그 때문에 "나는 이 사람에게 무엇을 해주었는가" 하고 뉘우치는 것이다.

어쨌든 사랑하는 사람의 죽음을 겪으면서 정말로 기도하는 것을 알지 못한다면, 그 죽음을 헛된 것으로 만드는 것이라고 나는 생각한다.

그런데 앞에서 나는 먼저 감사해야 한다고 썼다. 그러면 감사한 다음에는 무엇을 기도할 것인가?

"하나님, 사랑하는 사람이 죽었습니다. 아무쪼록 이 죽음이 남아 있는 자에게 어떤 의미를 갖는 것인지 가르쳐 주시기 바랍니다. 그 죽음의 의미를 제대로 받아들일 수 있도록 인도해 주시기를 빕니다."

되풀이해서 이렇게 기도해야 할 것이 아닐까? 그렇게 함으로써 죽은 자에 대한 자신의 태도뿐만 아니라 다른 사람에 대해서도 얼마나 사랑이 부족했는지를 우리는 차차 알게 된다. 왜냐하면 죽음의 의미를 올바로 받아들이면 반드시 겸손하게 자기를 반성하지 않을 수 없기 때문이다.

앞에서 말한 대로, 기도는 반드시 기도하는 사람을 변화시켜 나간다. 슬픔을 당했을 때 그 슬픔을 극복하기를 원하면 반드시 극복할 힘을 주신다. 처음에는 누구나 '이 슬픔을 누가 알겠나?' '이 슬픔에서 벗어날 길은 없다', '이 슬픔을 극복할 길은 있을 수 없다'라며 절망적이 되는 것이 보통이다.

그러나 아무리 큰 슬픔이라도 결국 세월이 흐르면 망각이라는 작용으로 인해 슬픔이 희미해져 간다. 그러나 그것은 결코 슬픔을 극복하는 길이 아니다. 슬픔에서 다시 일어선 것이 아니다. 참으로 사람의 생명을 아낀다면, 그 죽음을 계기로 인생에서 가장 중요한 영혼의 문제를 향하여 무엇인가를 포착하는 것이 진정한 의미에서의 생명을 아끼는 일이 아니겠는가? 세월이 지나서 본디의 자기에게로 돌아올 뿐이라면, 그 죽음은 아무런 의미도 가져오지 못한 셈이다. 한 사람이 죽음에 의하여 크게 변하는 것이야말로 참으로 사람의 죽음을 슬퍼하는 것이 될 것이다. 사랑하는 많은 사람들이 죽는 일을 경험했어도 자기의 생활방식에 변화가 없는 인생은 심히 헛된 것이라고 나는 생각한다.

내 소설의 주인공 나가노(長野) 씨가 순직했을 때, 그의 직장 동료들은 생활에 변화가 일어났다. 나에게 나가노 씨의 최후를 이야기해 준 사람은 그의 부하였다. 그는 나가노 씨의 죽음으로 말미암아 자기도 기독교 신자가 되었다고 말했다.

지금은 아무리 슬프더라도 기도하면 참으로 힘있게 살 수 있는 날이 반드시 온다. 사랑하는 사람이 없는 이 세상에서 살 생각이 없다고 할 사람도 있을지 모른다. 그러나 그 사람 역시 기도하기를 바란다. 살아갈 힘을 잃어버릴 정도의 슬픔을 나는 모르지 않는다. 나 자신이 일찍이 기프스 침대에 누워 있을 때 애인을 잃고 같은 생각에 사로잡힌 일이 있었기 때문이다. 나는 그때 다음과 같은 노래를 읊었다.

그대 죽고 쓸쓸할 뿐인 나날인데
살지 않으면 안 되는 기프스 침대에 누워서

그것은 확실히 차라리 죽는 편이 낫다고 생각할 정도로 쓰라린 슬픔이었다. 그러나 죽은 사람들은 반드시 이렇게 말할 것이다.

"훨씬 더 오래 살고 싶었다."

그리고 그것은 단순히 자기 삶이 연장되기를 바라는 것이 아닐 것이다. 더욱 진실하게, 더욱 겸손하게, 더욱 사랑에 넘쳐서 '살고 싶었다'고 바라는 것같이 내게는 생각된다. 그러므로 우리는 사랑하는 자가 바라는 것같이 살아야 할 것이다. 그러기 위해서는 역시 먼저 기도해야 할 것이다. 성경도 우리에게 이렇게 권한다.

너희 중에 고난 당하는 자가 있느냐 저는 기도할 것이요…(약 5:13).

하나님은 언제라도 사람들이 하나님께 기도하기를 기다리고 계신다.

두 사람에게 아이가 무사히 주어졌을 때의 기쁨은 얼마나 클까? "평범해도 좋으니 잘못된 길로 들지 않도록, 튼튼히 자라게 해주시옵소서"라고 기도하는 겸손한 마음이 되는 것이다.

그래서 나는 이런 때를 하나님께 기도하는 커다란 계기로 삼으면 어떨까 하고 간절히 생각해 본다. 신비한 생명을 주신 천지의 창조주이신 하나님께 이때야말로 사람이 마음으로부터 기도해야 할 때가 아니겠는가? 젊은 아버지와 어머니가 어린아이를 가운데 두고 경건하게 기도하는 모습, 그 성스러운 가족의 모습이야말로 우리 가정의 기초로 삼아야 할 것이 아닐까? 그러한 기도로 말미암아서만 귀한 생명이 참으로 양육되어 가는 것이라고 나는 생각한다.

어쨌든 기쁠 때도 또한 괴로울 때와 같이 기도해야 할 것이다.

기쁠 때 찾는 하나님

사람은 자기의 시기를 알지 못하나니 물고기가 재앙의 그물에 걸리고
새가 올무에 걸림같이 인생도 재앙의 날이 홀연히 임하면 거기 걸리느니라(전 9:12).

'괴로울 때 찾는 하나님' 이라는 말이 있다. 이것은 결국 일이 잘 풀리지 않았을 때, 병에 걸렸을 때 혹은 인간관계에 있어서 어찌할 수 없는 다툼이 생겼을 때 등 괴로운 때에 사람은 누구나 하나님께 빈다는 말일 것이다.

이런 속담이 있는 것은 생활에 아무 풍파도 일지 않을 때, 곧 무사 태평일 때는 하나님을 잊어버린다는 뜻이리라. 기쁨의 절정에 있을 때, 범사에 만족할 때는 더구나 하나님을 생각지도 않는다. 이것이 인간의 상정(常情)이다. '기쁠 때 찾는 하나님', 이런 말을 들어본 일은 일찍이 한 번도 없다. 그러나 정말 우리는 기쁠 때 기도하지 않아도 좋은가? 만족할 때는 기도하지 않고도 지낼 수 있는가? 그런 때는 정말 하나님께 기도할 필요가 없는가?

1964년 7월 6일의 그 날까지 나는 사실 기쁜 날에 얼마나 기도가 중요한지를 몰랐다. 그 날은 내가 응모한 소설 『빙점』이 당선되었다는 전화가 온 날이다. 내게 있어서 그 날은 생애에 흔치 않은 기쁨의 날이었다.

신문사에서 온 전화를 받은 다음에 나는 곧 아사히가와 영림국(旭川營林局)에 근무 중인 미우라에게 당선 소식을 전했다.

그 날 여느 때와 같은 시각에 돌아온 미우라는 곧 나를 2층의 방으로 불렀다. 그리고 함께 무릎을 꿇고 앉아 기도하기 시작했다. 하나님께 깊은 감사를 드리는 기도였다. 그때 미우라가 한 말을 나는 지금도 기억한다.

"1천만 원의 상금을 받고 유명하게 되면 바보가 되기 쉬우니까요."

나는 그때 참으로 많은 분들에게서 축하의 말을 들었다. 그러나 13년이 지난 오늘, 아직도 명확하게 마음에 새겨진 것은 미우라의 "바보가 되기 쉬우니까요"라는 말과 정성들여 기도해 준 모습이다.

여러 번 다른 데서도 썼지만, 인생의 위기는 사실 기쁠 때 오는 것이 아닐까? 모든 일이 잘 풀려 나갈 때 오는 것이 아닐까? 옛날부터 위험한 길에서 넘어지는 자는 적다. 도리어 평탄한 길에서 사람은 넘어진다고 말해 왔다. 그때 만일 미우라가 단지 "잘됐어. 우선 한 잔 마시자"라고 하는 식의 남편이었다면, 내가 그 커다란 기쁨을 정말로 차분하게 받아들일 수 있었을까.

그때 미우라는 내가 우쭐해질 것을 경계하여 응모한 다른 730명의 실망에 대해 동정했다. 그리고 그 때문에 받은 상금을 자신을 위해서가 아니라 남을 위해서 쓸 수 있게 해 달라는 기도도 해주었다. 그리고 그 기도는 당선되기 전부터 했던 것이다. 기뻐서 마음이 들떠 있는 때야말로 하나님의 인도하심을 구해야 할 때임을 나는 정말로 알게 되었다.

  1년 중 3월과 4월은 고등학교 진학과 대학 진학 그리고 취직 등 젊은이들의 생활에 커다란 변화가 오는 시기다. 만일 난관을 돌파하여 진학을 하거나 취직을 했다면 그 많은 젊은이들은 무엇을 생각할 것인가?

  아무튼 잘했다며 먼저 자기의 노력을 칭찬하고, 재능을 자랑하고, 자기에게만 영광을 돌리기가 쉽지 않을까? 그러나 그 관문을 통과하지 못한 다른 많은 사람들에 대해서는 어느 정도나 아픔을 가지고 있을까? 생각해 보면 그것은 자기의 인간성을 시험 받는 하나의 기회가 아니겠는가?

  그러면 그러한 때에 우리는 어떻게 기도할 것인가? 아래에 기도의 말씀을 적어 보겠다.

> 모든 사람의 마음을 다 아시는 전능하신 하나님, 오늘은 저의 소원이었던 난관을 무사히 극복하게 해주셨습니다. 진심으로 감사드립니다. 저는 자칫하면 제가 다른 사람보다 나은 것처럼 자랑하고 싶은 마음으로 가득 차 있습니다. 아무쪼록 저의 노력, 저의 재능만을 계산하는 일이 없도록 도와주시옵소서. 마음을 차분히 하고 하나님께 깊은 감사를 드릴 수 있도록 저의 마음을 이끌어 주시옵소서. 어려서부터 저를 지도해 주신 선생님과 부모님들의 노력 속에서 자라온 저임을 생각할 수 있도록, 또 이 때문에 주위의 사람들이 세심하게 배려해 주신 것에 대하여 커다란 감사를 느끼는 자가 되도록 도와주옵

소서.

또 오늘 이처럼 기뻐하는 저와는 반대로 탄식을 맛보고 있는 많은 사람들에게 멸시를 보내는 것이 아니라 그들과 함께 커다란 아픔을 나눌 수 있도록, 제가 그 사람들보다 가치 있는 인간인 것같이 자랑하고 교만에 들뜬 자가 되지 않도록 저 또한 하나 틀렸으면 실패했을 것임을 겸허하게 돌이켜볼 수 있도록, 그리고 영광을 겸허한 마음으로 받아 성실하게 걸어갈 수 있도록 힘을 더해 주시옵소서.

만일 자기의 소원대로 나아갈 수 있었던 젊은이들이 이러한 기도를 마음으로부터 드리고 하나님의 인도를 받으며 살아간다면, 그것은 그 사람들의 행복일 뿐만 아니라, 참으로 많은 사람의 행복이 되기도 한다고 나는 생각한다. 그리고 그 부모님과 교사, 선배들도 이같은 기도를 함께 할 수 있다면 한층 커다란 행복이라고 생각한다.

결혼할 때 미우라가 "한 사람의 결혼은 열 사람의 슬픔"이라고 한 말이 기억난다. 그것은 내겐 뜻밖의 말이었다. 그러나 잘 생각해 보면 그것은 또한 당연한 말이기도 했다. 결혼은 희망대로 진학한 경우라든가 취직한 경우와 비교하면 좀 미묘하고도 복잡하다. 진학이나 취직의 경우는 선뜻 '만세'라고 외치고 싶은 솟구치는 듯한 기쁨이 있으나, 결혼은 훨씬 엄숙하다.

아무리 서로 사랑하는 사람끼리 결혼한다 해도 들뜬 마음으로만 있을 수는 없다. 아무리 서로 사랑하여 결혼한다 해도, 긴 인생에 무엇이 기다리고 있는지 조심스럽지 않을 수가 없다. 그러나 그것을 정말로 깨닫는 것은 결혼한 즉시가 아니라 몇 해가 지나서인지도 모른다. 그리고 "한 사람의 결혼이 열 사람의 슬픔"이라는 말의 뜻을 참으로 아는 것도 그처럼 어느 정도의 세월이 필요한 것인지도 모른다.

나 같은 사람의 결혼에도 지금 와서 생각하면 슬퍼한 사람이 몇 명 있었다. 나의 경우, 13년의 요양 생활을 마친 후였으므로 나이도 37세가 되었고, 대부분의 사람들이 기뻐해 주었다. 그럼에도 불구하고 요양 중에 나를 곧잘 찾아와 주던 한 제자는 "기적을 저주한다"는 편지를 보내 왔다. 또 동생처럼 여기며 교제해 오던, 10년이나 나이 차이가 나는 한 친구는 편지의 주소에 나의 옛 성을 첨부함으로써 나의 결혼을 인정할 수 없음을 나타냈다. 그 밖에 나와 결혼하고 싶다고 희망한 사람도 있었다.

37세나 되었어도 그러한 사람들이 몇 명인가 있었던 것이다. 그러니 젊은 사람들의 결혼에는 복잡한 슬픔을 품는 사람이 더욱 많을 것이다. 그 슬픔을 품는 사람이 반드시 이성에 한하는 것은 아니다. 자기가 결혼하고 싶다고 생각한 상대를 빼앗겨서 슬퍼하는 경우도 있을 것이며, 병이나 신체 상의 장애로 결혼을 단념해야 하는 사람들도 복잡한 심경에 처하게 될지 모른다. 나는 결혼식에 초대 받을 때마다 그 양친들의 모습을 주목하지 않을 수 없다. 신랑 신부가 꽃다발을 보낼 때, 신랑 쪽 부모님이라도 한사코 눈물을 참으려 애쓰는 것을 나는 자주 본다. 그러한 모습을 볼 때, 한 사람의 남자와 한 사람의 여자가 결합하는 기쁨의 그늘에는 쓰라린 눈물이 있음을 생각지 않을 수가 없다.

그러한 생각을 사람들에게 품게 하고 결혼하는 이상, 결혼이라는 것을 더욱 폭넓고 뜻 깊은 것으로 받아들이지 않으면 안 될 것이다. 그리고 그렇기 때문에 이 인생의 큰일을 맞이하여 두 사람이 마음을 합하여 기도할 필요가 있는 것이다.

우리 부부는 결혼식 날 밤 창조주 앞에 함께 무릎을 꿇고 빌었다. 그때의 감동은 결혼식의 감동 못지않았다. 두 사람이 먼저 시작한 것, 그것이 기도였던 것을 지금도 나는 하나님께 감사드린다.

그런데 결혼은 사람에 따라 여러 가지로 그 경위가 다르다. 그러므로 기도 역시 저마다 다르다고 생각한다. 그러나 기본적으로는 먼저 감사를 드려야 할 것이다. 어떤 기도라도 그러하듯이 기도는 먼저 감사로 시작하는 것이 바람직하다.

그러면 먼저 어떤 감사를 드려야 좋겠는가? 첫째로 오늘까지 두 사람을 지켜주시고 인도해 주신 것에 대한 감사를 드려야 할 것이다. 세계에는 수십 억의 남녀가 있는데, 그 중에서 단 두 사람이 만나서 일생을 함께한다. 이 사실에 대하여 신비적인 기쁨을 느끼는 것은 인간으로서 당연한 일같이 여겨진다.

그리고 두 사람을 낳아서 길러주신 양가의 부모와 그 사랑, 서로를 소개해 주신 선배와 친구, 결혼에 이르기까지 귀중한 충고를 해주신 사람들, 축하회를 열어 준 친구들, 또 결혼식에 참석하여 축하해 준 사람들, 그 한 사람 한 사람에게 역시 깊은 감사의 마음을 가지고 그들 모두에게 하나님의 축복이 있기를 빌어야 할 것이다.

또한 자신들의 결혼으로 말미암아 슬퍼하는 사람, 괴로워하는 사람, 상처 받은 사람들을 동정하며, 그 사람들을 위해 전능하신 하나님께서 힘을 주시도록 하나님의 위로를 빌어야 할 것이다.

뿐만 아니라 자신들이 만들어 가려는 가정이 한 걸음 한 걸음 하나님의 인도를 받으며 나아가기를 기도하는 것도 잊어서는 안 된다. 자신들의 집을 친구들의 휴식처로 제공하는 등 개방적이고 명랑한 가정으로 만들기를 원하든 혹은 두 사람만의 조용한 가정으로 만들기를 원하든, 그것은 각 사람의 입장과 직업에 따라 달라지겠지만, 그 또한 하나님의 인도하심에 맡겨 결정할 일이라고 생각한다.

우리 부부가 결혼할 때 바랐던 것은 어떠한 형태로든 이 세상에 도움이 되는 가정이 되고 싶다는 것이었다. 특히 그리스도의 복음과 진리를 전하고 싶다는 것이 그 중심이었다. 혹자는 포부가 크다고 말하는지도 모른다. 그러나 나는 젊은 날의 출발에 있어서 그 정도의 포부는 가지는 것이 좋다고 생각한다.

소설이나 영화에서 때때로 신혼 첫날 밤의 장면을 읽거나 보는 경우가 있다. 그러나 거기에서 두 사람이 하나님께 기도하는 장면 같은 것은 본 기억이 없다. 인생의 새로운 출발에 임하여 이미 결혼식에서 서로 맹세했기 때문에 괜찮다고 한다. 그러나 나는 어쩐지 쓸쓸한 느낌이 든다. 두 사람에게는 두 사람의 말로써 기도할 내용이 있는 것이 좋다고 생각한다. 그리고 그런 기도를 그 최초의 날뿐만 아니라 날마다 함께 드린다면 더욱 좋을 것이다. 가령 아직 하나님에 대하여 잘 모르는 경우라 하더라도, 적어도 그러한 방향을 목표로 하는 자세는 필요하지 않을까?

결혼한 두 사람에게 기다리고 있는 다음 기쁨은 출산일 것이다. 나는 인생이란 기쁨보다도 슬픔이 많은 것이라고 생각했다. 그러나 그것은 착각인 것 같다. 슬픔이나 괴로움은 언제까지나 남아 있기 때문에 기쁨보다도 그 인상이 강하다. 그래서 괴로운 일이 많은 것같이 생각해 온 것이리라. 그러나 생각해 보면 인생에는 괴로움도 많지만 기쁨 또한 많다.

"네 나이쯤이 제일 좋은 때다. 무엇보다도 아내를 얻을 즐거움이 있단 말이야. 아내를 얻고 나면 인생에는 큰 기쁨도 즐거움도 없단 말이지. 아니, 가만 있자. 그 다음은 아이가 태어나는 것이 즐거움이구나. 그렇다, 아이가 태어나는 것, 그것이야말로 참으로 즐거운 일이지. 그 다음은 별일 없단 말이야. 아니야, 아이가 학교에 들어가는 것도 즐거움이지. 그리고 아이가 상급학교에 진학하는 것도 커다란 기쁨이야. 음, 그러다 보면 아이가 결혼을 하게 된다. 이것은 가장 큰 즐거움이야. 또 손자가 태어난다. 손자의 탄생도 아들 이상으로 즐거운 일일지 모르지."

이 말을 들은 미우라는 '그러면 인생이란 즐거움 투성이가 아닌가' 하고 그때 생각했다고 한다.

확실히 아이 하나가 태어난다는 것은 인생의 꿈과 희망이 한없이 솟아오르는 듯한 즐거운 이야기다. 그러한 희망을 가져다 주는 존귀한 생명, 그 생명이 태어날 때는 평소에 종교심이 없는 사람이라 할지라도 뜻밖에도 무엇인가를 향하여 두 손을 모으고 싶어지지 않을까. 모든 것을 합리적으로 계산하여 냉정하게 앉아 있지는 못할 것이다. 아직도 재산을 보호하는 부적을 지니고 있는 젊은이가 많다는 말을 듣는데, 그것도 그러한 현상 중의 하나이리라.

또 태교에 마음을 써서 그리스도를 그린 그림과 깨끗한 종교화로 방 안을 장식한다는 말도 듣는다. 어쨌든 내 아이의 출산을 위해서는 낳는 아내도 옆에 있는 남편도 함께 기도하고 싶지 않겠는가? '어떻게든 무사히 낳게 해주시옵소서. 사내아이든 여자아이든 좋으니 똑똑하고 튼튼한 아이가 태어나게 해주시옵소서' 하는 겸손한 마음을 갖게 된다고 생각한다.

그러한 두 사람에게 아이가 무사히 주어졌을 때의 기쁨은 얼마나 클까? "평범해도 좋으니 잘못된 길로 들지 않도록, 튼튼히 자라게 해주시옵소서"라고 기도하는 겸손한 마음이 되는 것이다.

그래서 나는 이런 때를 하나님께 기도하는 커다란 계기로 삼으면 어떨까 하고 간절히 생각해 본다. 신비한 생명을 주신 천지의 창조주이신 하나님께 이때야말로 사람이 마음으로부터 기도해야 할 때가 아니겠는가? 젊은 아버지와 어머니가 어린아이를 가운데 두고 경건하게 기도하는 모습, 그 성스러운 가족의 모습이야말로 우리 가정의 기초로 삼아야 할 것이 아닐까? 그러한 기도로 말미암아서만 귀한 생명이 참으로 양육되어 가는 것이라고 나는 생각한다.

어쨌든 기쁠 때도 또한 괴로울 때와 같이 기도해야 할 것이다.

 무슨 좋지 않은 생각이 가슴에 스칠 때면 '임마누엘 아멘'이라고 되었다. 하나님이 나와 함께 해주시는데 좋지 않은 생각에 잠겨 있을 수가 없다. 이 짧은 기도는 악의 유혹에서 나를 구원해 주었다. 누군가의 오해를 받을 때도 이 짧은 기도의 말을 왼다. 그러면 누군가가 오해를 한다 해도 전지전능하신 하나님은 나의 모든 것을 알아주신다는 기쁨이 솟아났다. 마음으로 믿고 기도할 때 우리는 이런 짧은 기도에 의해서도 격려가 되고 위로받으며 힘을 얻어 인도받게 되는 것이다.

하나님은 나와 함께 하신다

하나님의 말씀은 다 순전하며 하나님은 그를 의지하는 자의 방패시니라(잠 30:5).

언젠가 어떤 사람에게서 이런 질문을 받은 일이 있다.

"기독교에는 불교와 같은 염불은 없습니까? '나무아미타불'이라든가, '남무묘법달화경'(南無妙法達華經)이라든가 하는 그런 것은 없습니까?"

"엄밀히 말하면 기독교에는 염불은 없습니다. 그러나 그와 비슷한 말은 있지요"라고 나는 대답했다.

'임마누엘 아멘'이라는 말이 그것이다. '임마누엘'은 '하나님이 나와 함께 계신다'를 의미한다. '나무아미타불'은 '부처와 함께 있다'는 의미인 것 같다. 비슷하다. 그리고 '아멘'이라는 것은 '정말로, 진실로'라고 동의하는 말이며, 이것은 세계 공통의 말이다. 그러므로 '임마누엘 아멘'이라고 하면 '하나님이 나와 함께 계십니다. 정말 그렇습니다. 고마운 일입니다'라는 뜻이 된다.

나도 오랜 요양 생활 가운데 문득 쓸쓸해지기 시작하면 곧잘 이

'임마누엘 아멘'을 불렀다. 그러면 이상하게도 전능하신 이가 내 곁에 계셔서 가만히 지켜주시는 것같이 마음이 편안해졌다.

또 무슨 좋지 않은 생각이 가슴에 스칠 때면 '임마누엘 아멘'이라고 뇌었다. 하나님이 나와 함께 해주시는데 좋지 않은 생각에 잠겨 있을 수가 없다. 이 짧은 기도는 악의 유혹에서 나를 구원해 주었다. 누군가의 오해를 받을 때도 이 짧은 기도의 말을 왼다. 그러면 누군가가 오해를 한다 해도 전지전능하신 하나님은 나의 모든 것을 알아주신다는 기쁨이 솟아났다. 마음으로 믿고 기도할 때 우리는 이런 짧은 기도에 의해서도 격려가 되고 위로받으며 힘을 얻어 인도받게 되는 것이다.

짧은 기도라고 하면 다음과 같은 말이 생각난다. 그것은 가톨릭 서적에서 읽은 '사도'(射禱)라는 말이다.

"어떻게 기도하면 좋을지 모르겠다"라든가 "기도가 힘들다"라든가 하여 기도를 경원하는 사람이 있다. 그러나 기도는 반드시 길지 않아도 좋다. 마음이 진실로 그리스도의 아버지이신 하나님을 향해 있다면 극히 짧은 기도라도 좋은 것이다. '사도'라는 것은 자기가 지금 문제로 삼고 있는 사항을 며칠 동안 몇 번이고 기도하는 것이다.

만일 자기의 성격을 더욱 정답게 하고 싶다면, 그것을 쉴 새 없이 기도하는 것이다. 이것이 '사도'다. 이를테면 "하나님, 아무쪼록 저를 정다운 사람으로 변화시켜 주시옵소서. 그리스도의 이름으로 기도드립니다."

이것을 몇 번이고 되풀이하는 것이다. 그러면 자기의 마음이 인도함을 받아 지독한 말이 나올 것 같은 때도 전과는 다른 말로 사람을 대할 수 있게 된다. 우리 인간에게는 여러 가지 문제가 많다. 또 우리는 자기의 마음을 자기로서는 어찌할 수 없는 약한 자이므로 이러한 짧은 기도를 쉴 새 없이 드림으로써 마음의 인도를 받을 필요가 있다.

"아무쪼록 남에게 악의를 가지는 일이 없도록……"이라는 사도, "항상 감사하는 것을 가르쳐 주십시오"라는 사도, "아무쪼록 신경질 내기 쉬운 마음을 온화하게 만들어 주옵소서"라는 사도, 그러한 사도가 얼마나 큰 결과를 가져오는지는 해보면 반드시 알게 된다고 한다.

인간의 기도는 아무리 다듬은 말로 아무리 길게 해도 결코 완전한 기도가 아니다. 그런데 사실 짧고도 완전한 기도가 있다. 그것은 그리스도께서 제자들에게 가르쳐 주신 '주님의 기도'라는 것이다. '주님의 기도'란 구원의 주, 곧 그리스도가 가르쳐 주신 기도라는 말이다. 이 기도는 전 세계의 모든 교회가 예배 때 드리는 기도이므로 외어 두는 것이 좋다. 다소 번역의 차이는 있으나 그 기도의 완전함은 마찬가지다.

처음으로 교회에 갔을 때 "주기도문을 합시다"라고 사회자가 말하면 무슨 소리인지 모를지도 모른다. 그 기도의 말씀을 다음에 소개해 보자. 소개하는 김에 예수님이 기도에 대하여 제자들에게 가르쳐 주신 말씀이 있으므로 그것도 인용해 두고자 한다.

기도할 때는 위선자들과 같이 하지 말라. 저들은 사람의 눈에 보이려고 회당이나 큰 거리(네 거리)에 서서 기도하기를 좋아한다. 잘 일러두지만 그들은 이미 그 보상을 받았다.

너희는 기도할 때 자기 방에 들어가서 문을 닫고 은밀한 곳에 계시는 너희 아버지께 기도하라. 그러면 은밀한 곳에서 보시는 너희 아버지께서 갚아 주실 것이다. 또 기도할 때 이방인과 같이 중언부언하지 말라. 그들은 말을 많이 하여야 들어주실 줄로 생각하느니라. 그러므로 그들을 본받지 말라. 너희의 아버지인 하나님은 구하기 전에 너희가 필요한 것을 아시느니라. 그러므로 너희는 이렇게 기도하라.

하늘에 계신 우리 아버지,
이름을 거룩하게 하옵시고
나라가 임하게 하옵시며,
뜻이 하늘에서 이루어진 것같이
땅에서도 이루어지게 하옵소서.
오늘도 우리에게 일용할 양식을 주옵시고
우리가 우리에게 죄 지은 자를 사하여 준 것같이
우리의 죄를 사하여 주옵시고
우리를 시험에 들지 말게 하옵소서(마 6:5~13).

　　예수님은 여기서 중언부언하며 기도하지 말라고 하셨는데, 그것은 남에게 자기의 기도를 듣게 하려고 아름다운 말을 늘어놓아 기도해도 좋고 안 해도 좋을 말을 되풀이해서는 안 된다는 것이다. 이는 결국 기도가 위선적으로 되는 것을 훈계하신 것이다. 그런데 대개의 교회에서는 이 '주님의 기도'를 찬송가 뒤에 붙여 놓았다. 그것은 짧은 기도이며 쉬운 말이므로 기다란 경문과는 달라서 아주 외우기 쉬운 것이다. 교회학교의 어린 학생들도 이 주님의 기도는 누구나 암기하고 있을 정도다.

이 짧은 기도가 완전하다고 하는 것은, 짧기는 하지만 깊은 뜻이 함축되어 있음을 의미한다. 그러므로 신자들은 자기의 말로 기도한 뒤에 그 마지막에 이 기도를 드린다. 자기 기도의 어지러움과 부족함을 이 기도로써 완전케 하기 위함이다.

여기서 '주님의 기도'에 대하여 잠깐 배우기로 하자.

"하늘에 계신 아버지."

이 한 줄을 먼저 생각해 보자.

이 부르는 소리는 우리들 인간의 기도 대상인 하나님이 어떤 분이신지를 나타낸다. 그분은 먼저 하늘에 계신 하나님이신 것이다. 하늘이란 맑음과 높음을 의미한다.

'하나님과 같은 마음'이라 할 때 우리는 욕심 하나 없이 아주 깨끗한, 그리고 정답고 맑은 마음을 생각할 것이다. '하늘에 계신'이란 그같이 더러움이 없는, 그리고 높은 하나님의 인격을 의미한다.

하늘이라 하면, 우리들 땅에 사는 자와는 전혀 관계가 없는 현격한 세계를 상상할지 모른다. 우리들과는 아무런 관계가 없는 존재로 생각할지 모른다.

그러나 여기에 '우리의 아버지'라고 부르는 소리가 있다. 아버지란 참으로 단적으로 우리 인간과 하나님의 관계를 나타내는 말이다.

아버지와 아들의 관계, 이것은 얼마나 밀접한 관계인가!

일본 사람들은 걸핏하면 신벌(神罰), 천벌(天罰), 불벌(佛罰)이라고 하는 따위의 말을 잘 쓴다. 평소에 마음씨가 나쁜 인간이 부상이라도 당하게 되면 당장 "천벌이 내렸다"라든가, "저건 불벌(佛罰)이다"라는 말들을 한다. 그러나 아버지인 하나님은 그렇게 인간을 저주하시는 두려운 존재가 아니다. '우리의 아버지'라고 부를 수 있는 정다운 존재인 것이다. 맑고 의롭고 높은 인격의, 그리고 아버지라고 부를 수 있는 분이 곧 참 하나님이신 것을 이 첫머리의 말씀은 말하고 있는 것이다.

그와 동시에 잊어서는 안 될 것은, 이 '주님의 기도'는 처음부터 끝까지 기도하는 주체가 '우리'라고 되어 있다는 점이다. 곧 단수가 아닌 것이다. '나의 아버지'라고는 말하지 않는다. '우리의 아버지'인 것이다.

그러면 '우리'란 누구와 누구를 가리키는가? 아버지, 어머니, 아내나 형제 등 일가를 가리키는 것일까? 아니다. 이 '우리'의 수는 참으로 많아서, 이 지구상의 사람들을 한 사람도 남김없이 가리키는 것이다.

일본은 주위가 바다로 둘러싸여 있어 이웃 나라가 육지에 붙어 있지 않다. 그 때문에 참으로 민족주의적인 사고방식이 강하며, 지금도 "기독교 같은 것은 외국의 신이므로 믿지 않는다. 일본에는 옛날부터 신이 있다. 일본의 신을 숭배하라"는 따위의 말을 하는 분이 있다. 그런 사람은 젊은 사람 중에도 있고 노인 중에도 있다. 그러나 우리 인간의 참 하나님은 유일하시다. 만일 일본만의 신이라든가 러시아만의 신 같은 것이 있다면, 그것은 결코 참 신이 아니다.

그리스도가 보여주신 하나님은 우리의 하나님인 것이다. '우리'란 모든 인간을 가리킨다. 그러므로 '주님의 기도'를 드릴 때는 러시아 사람을 위해서도, 아메리카 사람을 위해서도, 중국 사람을 위해서도, 유럽 사람을 위해서도, 일본 사람을 위해서도, 한국 사람을 위해서도, 아프리카 사람을 위해서도, 즉 모든 사람을 위해서 기도하는 것이다.

그렇게 생각하고 주님의 기도의 첫머리의 말씀을 소리내어 기도할 때 나는 그 깊음과 너그러움에 경탄하게 된다.

"하늘에 계신 우리 아버지……."

얼마나 훌륭한 기도의 말씀인가!

그 우리의 하나님께 제일 먼저 어떤 기도의 말씀을 드리는가? 예수님은 "이름을 거룩하게 하옵소서"라는 기도를 가르쳐 주신다. 나는 나의 책에 사인(sign)을 해 달라는 분에게 나의 이름만을 써 주는 적이 결코 없다. 반드시라고 해도 좋을 만큼 성경 말씀을 쓴다. 그리고 그 다음에 나의 이름을 적는다.

나의 책은 현재 28권쯤 출판되었으므로, 각각의 책마다 쓰는 성경 말씀을 정해 놓고 있다. 이를테면 『길은 여기에』에는 "사랑은 참는 것이다"라는 말씀을, 『설령』(雪嶺)에는 "하나님은 사랑이시다"라는 말씀을 쓰기로 정해 놓았다.

나의 책을 전부 갖추어 두는 분도 있으므로 전부 다른 말씀으로 해 두는 것이다. 『천북야원』(天北野原)의 상권에는 "이름을 거룩하게 하옵시며"라고 쓰기로 했다. 또 그 하권에는 "나라가 임하게 하옵소서"라고 쓰기로 했다. 이 둘은 알기 어려운 말이 아닐까 생각하나, 사실은 주님의 기도에 있는 말이다.

아무튼 인간으로서 기도하지 않으면 안 될 기도는 많이 있으나, "이름을 거룩하게 하옵시며"라는 기도는 그 중에서도 가장 중요한 기도인 것이다. 여기서 '이름' 이란 무엇인가? 그것은 하나님의 이름을 말한다. 하나님에게 이름이 있는가? 구약 시대에는 '야훼' 라고 부른 모양인데, 지금은 그렇게 부르는 사람이 거의 없다. '하나님' 이란 말이 곧 하나님의 이름이라고 나는 생각한다.

그러면 '거룩하게 한다' 는 것은 무슨 말인가? 그것은 거룩한 것으로서 구별하여 다룬다는 의미인 것 같다. 하나님과 한 자리에 다른 것을 두어서는 안 된다는 것이다. 만일 여기에 하나님을 정중하게 예배하고, 마찬가지로 태양을 정중하게 예배하는 사람이 있다고 하자. 이 사람은 하나님과 태양을 같은 자리에 두고 다루는 것이므로 이름을 거룩하게 한다고는 말할 수 없다.

하나님의 이름을 거룩하게 한다는 것은 하나님 이외의 것을 하나님이라 하지 않고 예배하지 않는 것이다. 나는 어려서 너무나 많은 우상에게 머리를 숙였다. 결국 그것은 누구에게 머리를 숙여야 할 것인지를 몰랐기 때문이다.

예수님은 여기에서 확실히 하늘에 계신 우리 아버지만을 거룩한 분으로서 경배하고 믿으라고 가르치셨다.

그것은 우리들 인간이 기도하며 구해야 할 토대이며 근원인 것이다.

　이 주님의 기도는 예수가 제자들에게 가르치신 때로부터 지금에 이르기까지 2천 년 동안 매일매일 세계 각국에서 해 온 기도다. 하루라도 이 기도를 하지 않은 날이 없었던 것이다. 이 기도는 결코 인류가 중단해서는 안 되는 기도라고 나는 믿는다. 이러한 기도야말로 정말로 인간이 해야 할 귀한 기도가 아니겠는가?
　이 하나님의 나라가 임하는 것은 우리 인간들의 소원인 동시에 하나님의 소원이기도 하다. 그러나 그것이 좀처럼 실현되지 않는 것은 대체 무슨 까닭일까? 그것은 우리 인류가 하나님께 반역하고 있기 때문일 것이다.

주님의 기도

우리가 축복하는 바 축복의 잔은 그리스도의 피에 참여함이 아니며 우리가 떼는 떡은 그리스도의 몸에 참여함이 아니냐 떡이 하나요 받은 우리가 한 몸이니 이는 우리가 다 한 떡에 참여함이니라(고전 10:16~17).

앞 장에서 주님의 기도(그리스도가 가르친 기도)에 대해 말했으므로 주님의 기도를 한 번 더 여기에 소개하겠다.

하늘에 계신 우리 아버지,

이름을 거룩하게 하옵시고

나라가 임하게 하옵시며,

뜻이 하늘에서 이루어진 것같이

땅에서도 이루어지게 하옵소서

오늘도 우리에게 일용할 양식을 주옵시고

우리가 우리에게 죄 지은 자를 사하여 준 것같이

우리의 죄를 사하여 주옵시고

우리를 시험에 들지 말게 하옵시고

악에서 구원해 주옵소서

나라와 권세와 영광이 아버지께 영원히 있사옵나이다 아멘.

이 가운데 여기에서는 "나라가 임하게 하옵소서" 하는 것부터 생각해 보려 한다. 이미 느낀 분도 있으리라고 생각하지만, 예수님이 가르쳐 주신 이 기도의 특징은 그 절반까지는 하나님에 관한 기도다. 물론 하나님에 관한 것이라는 것도 우리 인간과 깊이 관계되는 것이다. 그러나 이러한 하나님에 관한 기도를 먼저 하는 자세는 예수께서 가르쳐 주시지 않았으면 결코 알 수 없었을 것이라고 생각한다. 우리는 누군가에게서 배우지 않고는 "나라가 임하게 하옵소서"라는 기도를 도저히 할 수 없다. 여기서 주님의 기도의 고귀함을 다시 배우는 듯하다. 그런데 "나라가 임하게 하옵소서"란 무슨 의미일까? 나라란 '하나님의 나라' 라는 뜻이다. 그러면 하나님의 나라란 대체 어떤 나라일까? 하나님의 나라인 이상 물론 다스리시는 분은 하나님이시다. 인간이 아니다.

우리가 사는 땅 위의 나라에서는 인간이 통치한다. 참으로 많은 경우에 금권정치로 돈을 많이 뿌린 자가 권력의 자리에 앉는다. 거기에 어떤 정치가 행해지는가? 말할 것도 없이 뇌물이 오고 간다. 이권 다툼이 있다. 당파 싸움이 있다. 공해가 있다. 약한 자는 돌보지도 않으며, 재판도 때로는 공평하게 진행되지 않는다. 곰곰이 생각해 보면 풀 곳 없는 분노를 느끼게 하는 것이 이 세상 나라의 모습이다.

그러나 하나님의 나라는 그와는 다르다. 하나님은 절대적으로 거룩하시고 의로우시며, 절대적으로 깨끗하시며, 절대적으로 사랑이시다. 여기서는 빈부의 차이가 없다. 여기서는 모든 자가 공평하게 취급받는다. 아무도 권력을 자랑하지 않는다. 자기만 잘 사는 것은 허락되지 않는다. 물론 전쟁도 고통도 없다. 그러한 하나님의 나라가 오게 해 달라고 비는 것이 "나라가 임하게 하옵소서"라는 기도다.

이 주님의 기도는 예수가 제자들에게 가르치신 때로부터 지금에 이르기까지 2천 년 동안 매일매일 세계 각국에서 해 온 기도다. 하루라도 이 기도를 하지 않은 날이 없었던 것이다. 이 기도는 결코 인류가 중단해서는 안 되는 기도라고 나는 믿는다. 이러한 기도야말로 정말로 인간이 해야 할 귀한 기도가 아니겠는가?

이 하나님의 나라가 임하는 것은 우리 인간들의 소원인 동시에 하나님의 소원이기도 하다. 그러나 그것이 좀처럼 실현되지 않는 것은 대체 무슨 까닭일까? 그것은 우리 인류가 하나님께 반역하고 있기 때문일 것이다.

우리의 본심은 결코 깨끗함도 의로움도 바라지 않는다. 그저 되는 대로 사는 생활 자세만 있을 뿐이다. 우리들은 자기만 잘되고 싶어 하는 자기 중심적인 생각으로 가득 차서 매일을 살아간다. 남편은 아내 몰래 바람을 피우고, 아내는 또 그 남편을 배반한다. 시어머니는 며느리를 구박하고, 며느리는 시어머니에게 반항한다. 자기가 낳은 아이를 길바닥에 버리는 부모가 있으며, 늙은 부모를 버리고 돌보지 않는 아들도 있다. 그런 생활 자세가 그리 드물지 않을 만큼 세상은 자기 중심적으로 움직이고 있다. 자기 중심적인 동안은 결코 하나님의 나라는 임하지 않는다. 하나님의 나라는 오로지 하나님의 지배를 대망하는 곳에 임한다. 이렇게 생각해 보면, 먼저 무엇보다도 자기의 마음을 하나님이 지배하시기를 원하지 않으면 안 된다.

그것이 곧 다음의 네 번째 기도인 "뜻이 하늘에서 이루어진 것같이 땅에서도 이루어지게 하옵소서"라는 기도로 발전하는 것이다. 결국 이 추한 자기가 자기를 지배하는 것이 아니라, 하나님의 마음이 자기의 마음을 지배하시기를 기도하는 것이다.

우리 인간은 원래 자신이 손해보지 않고 살고자 하는 존재다. 유쾌하게 살고 싶다. 즐겁게 살고 싶다. 이것이 대개의 사람들의 자세인 것이다. 그러나 때로 하나님께서 우리에게 생각지도 않은 고난을 주시는 일이 있다. 병에 걸리는 일도 있고, 사랑하는 자를 잃는 일도 있다. 사업이 실패하는 일도 있고, 결혼이 깨지는 일도 있다. 그것이 아무리 괴롭더라도 하나님의 뜻을 구하는 이상 우리는 고분고분 그것을 받아들이지 않으면 안 된다.

이전에도 말했지만, 나는 폐결핵과 카리에스로 누워 있을 때 나의 일보다도 하나님의 뜻이 내 위에 이루어지기를 항상 기도했다. 나는 몸도 마음도 약한 인간이므로 처음에는 다음과 같이 기도했다.

"아버지의 뜻이 이루어지게 하옵소서."

"언제나 기도할 수 있는 힘을 주옵소서."

기도란 이상한 것이다. 이렇게 기도하는 중에 나는 나 자신도 깨닫지 못하는 평안을 얻게 되었다.

'우리는 도무지 그런 기도가 되지 않는다'고 생각할지도 모른다. 그러나 어쨌든 기도해 볼 일이다. 이 기도는 2천 년간 이어져 내려온 것이다. 그 수는 비록 적었다 하더라도, 어쨌든 하나님의 뜻이 땅 위에 이루어지기를 기도한 사람은 끊이지 않았다. 그리고 그 사람들은 모두 우리들과 같이 평범하고 약한 사람들이었던 것이다.

물론 그 중에는 역사에 이름이 남아 있는 인물도 있다. 불꽃 속에서 순교한 사람도 있고, 그리스도인이기 때문에 박해 받고 죽임을 당한 사람도 있다. 그러나 대개는 결코 그렇게 강한 사람들이 아니었다. 그 한 사람 한 사람에게 하나님은 사랑과 버티고 살아갈 힘을 주셨다. 곧 뜻이 이루어지게 해주셨던 것이다.

그리고 다음 기도는 "오늘도 우리에게 일용할 양식을 주시옵소서"이다. 먼저 말한 네 가지 기도는 하나님에 관한 기도였으나, 여기서 급변하여 참으로 일상적인 기도로 변한다. 사실 나는 주님의 기도를 알기 전에는 "저의 고민을 해결해 주시옵소서. 장사가 잘되게 해주시옵소서. 병이 낫게 해주시옵소서"와 같은 기도를 한 일은 있었어도, "하루하루의 양식을 주시옵소서"라고 기도한 일은 전혀 없다.

일본에는 "해님과 쌀밥은 따라다닌다"는 속담이 있다. 그렇다면 과연 날마다의 양식을 구하는 기도는 쓸모없는 기도인가? 세 번의 식사를 맛있게 먹을 수 있는 것, 그것은 생각해 보면 결코 당연한 일이 아니다. 참으로 커다란 은혜인 것이다. 왜냐하면 우리의 가까운 친척 중에 교통사고가 난 적이 있었다든가, 집을 나간 사람이 있었다든가, 또는 누군가가 부부 사이에 불행한 일이 있었다든가, 가족과 친척 사이에 심각한 싸움이 있었다든가, 아니면 가족 중에 죽은 자가 생겼다든가 하면 며칠을 두고 밥이 목으로 넘어가지 않는 일이 있기 때문이다. 그렇다면 먹을 것이 아무리 많아도 없는 것이나 매한가지이다. 그렇게 생각하면 마음에 이런 근심스런 일이 전혀 없는 편안한 나날을 보내는 것은 참으로 커다란 은혜라고 말하지 않을 수 없다.

"일용할 양식을 주옵소서"라는 기도 속에는 무사평안의 기도와 감사의 기도 역시 포함되어 있다고 해도 좋을 것이다. 물론 자기 자신의 건강이 손상되면 식사를 하지 못하는 것도 당연하다. 그러므로 건강을 비는 것도 이 속에 포함되어 있다고 말할 수 있다.

그런데 앞에서도 말한 대로 주님의 기도는 모두 '나' 개인의 기도가 아니라 '우리'라는 복수의 기도로 되어 있다. 나만이 날마다의 양식을 얻으면 그것으로 좋다는 것이 아니다. 세계 각국에는 아직도 굶주리는 사람들이 많다고 한다.

영양실조로 갈비뼈가 앙상한데 배는 불룩하게 튀어나온 동남아의 어떤 나라에 사는 아이들의 비참한 모습을 언젠가 텔레비전에서 본 일이 있다. 굶주린 사람들이 불과 한 그릇의 스프를 얻기 위해 기다란 행렬을 만들고 있는 것도 본 일이 있다.

"날마다 일용할 양식을 우리에게 주옵소서"라는 기도는 이 굶주린 사람들을 위해서도 하는 기도다. 이렇게 기도하는 이상 우리는 오늘의 양식을 얻지 못하는 사람들을 위하여 무엇인가를 해야 할 책임이 있다. 그 책임의 확인을 이 기도로써 촉구받고 있다는 사실을 알지 않으면 안 된다.

또 일용할 양식이란 말은 단지 먹을 것뿐만 아니라 생활에 필요한 모든 것을 가리킨다고 생각해도 좋다. 곧 인간이 살아가는 데 필요한 의식주 전체를 이 양식이란 말이 포함하고 있다고 본다. 그렇게 보면, '우리'라고 하여 기도하는 우리의 생활 자세가 문제시되는 것이다. 공해 문제, 노인 문제, 신체장애인 문제 등 이 기도에 의하여 가지게 되는 관심이 더욱 많아지는 것이다.

다음에 다른 관점에서 이 기도를 생각해 보자.

"오늘도 주옵소서"라고 왜 오늘 하루에만 한정하여 구하는가? 아무래도 구할 바에는 "일생 동안 주옵소서"라고 기도해도 좋을 것 같다. 그러나 나는 이 '오늘도'라는 말에 들어 있는 의미의 깊이가 참으로 중요한 것이라고 생각한다. 오늘의 양식을 얻는 것만으로 만족하는 마음에는 탐심도 없고 염려도 없을 것이다. 그 탐심과 염려가 없는 것이 우리의 마음을 깨끗하게 해주는 것 같은 기분이 든다.

성경에는 "하루의 수고는 하루에 족하다"고 하는 유명한 말씀이 있다. 이것은 내일 일까지 미리 염려하지 말라는 뜻이다. 인간이란 존재는 내일의 염려까지 하려면 한이 없어진다. 한 가지 염려는 또 다른 염려를 낳는다. 결국 하나님께 오늘의 양식만을 구한다는 것은 하나님에 대한 절대적인 신뢰를 의미한다. 그리고 '오늘도'라는 말에는 어제까지 확실히 주신 데 대한 확신과 감사가 내포되어 있다. 내일 일은 내일 또 기도하면 된다.

"양식을 일평생 주옵소서"라고 기도하여 날마다 주시는 데 대한 확신도 감사도 없다면, 그것은 진정한 의미의 기도가 아니다. 기도란 하나님과의 대화다. 아이가 배고플 때 어머니에게 "배고파요"라고 호소하는 것같이, 그때그때 하나님께 안심하고 기도하면 될 것이다.

이 기도에 대하여는 여러 주해서에 여러 가지 해석이 나와 있다. 또 목사님으로부터도 여러 번 설교를 통해 배워 왔다. 그 가운데서

'날마다의 양식', 곧 떡이란 예수님을 의미하는 것이라고 들은 일이 있다. 예수는 십자가에 달리기 직전에 제자들과 최후의 만찬을 하셨다. 그때의 모양이 성경에는 다음과 같이 기록되어 있다.

예수께서 떡을 가지사 축복하시고 떼어 제자들에게 주시며 가라사대 받아 먹으라 이것이 내 몸이니라 하시고…….

또 예수님은 다음과 같은 말씀도 하셨다.
"하늘로부터의 진정한 떡을 너희에게 주는 이는 나의 아버지인 것이다."
그들은 예수님께 말하였다.
"그 떡을 언제나 우리에게 주십시오."
예수님은 그들에게 말씀하셨다.
"내가 생명의 떡이다. 내게 오는 자는 결코 주리지 않으며, 나를 믿는 자는 결코 목마르지 않는다."
결국 우리가 매일 살아 있는 것은 단지 입으로 들어가는 양식에 의한 것뿐이 아니다. 양식만 있으면 살 수 있다고 한다면 개, 돼지와 다름이 없을 것이다. 만일 그렇다고 한다면, 인간에게 필요한 것은 하나님의 말씀이 아니리라. 그러나 인간에게 진정 필요한 것은 하나님의 말씀이 아닐까. 진리가 아닐까. 여기서 나는 누구나 알고 있는 "사람은 떡으로만 사는 것이 아니라, 하나님의 입에서 나오는 모든 말씀으로 말미암아 산다"는 성경 말씀이 생각난다.

"일용할 양식을 오늘도 주시옵소서"라는 기도에는 "오늘도 하나님의 가르침을 주시옵소서"라는 기도가 포함되어 있는 것이다.

현대의 일본은 확실히 물질적으로 풍부해졌다. 먹지 못해 굶주려 죽는 사람은 전혀 없다고 해도 좋을 것이다. 수입이 적은 집은 생활 보호 제도의 도움을 받으며, 그런 면에서는 전쟁 전에 비하여 큰 차이가 있다. 나의 초등학교 시절에는 학급에 도시락을 가져오지 못하는 학생이 몇 명씩 있었다. 우리 학교의 경우에는 그 아이들에게는 도시락을 나누어 주었으나, 다른 학교는 어떠했을까?

이 수년 동안 나는 파티에 갈 때마다 마음이 아프다. 그것은 사람들이 음식을 너무나 많이 남기고 돌아보지 않기 때문이다. 그 남은 음식을 음식점 점원들은 아무렇게나 쓰레기통에 쓸어넣는다. 남긴 사람이나 처리하는 사람이나 남는 음식에 익숙하여, 음식을 남긴 데 대한 아픔을 전혀 느끼지 못하는 것 같다.

의류도 풍부해졌다. 몇 번 걸쳐 보고는 어느새 다른 유행을 좇아 새것을 구입한다. 자동차도 전기제품도 소비는 미덕이라는 무서운 선전에 중독되어 조금 쓰다 버리는 시대가 되었다.

결국 물질적 번영이 가져다 준 것은 무엇인가? 그것은 마음의 황폐를 가져왔을 뿐이라는 느낌마저 든다. 물건의 생명을 중히 여기지 않는 자가 인간의 생명을 참으로 중히 여길 수 있겠는가? 이러한 시대에 하나님 앞에 머리를 숙이고 날마다 "일용할 양식을 주시옵소서"라고 겸허하게 기도하는 것이 인간으로서 살기 위하여 얼마나 중요한지를 나는 다시금 생각해 본다.

**용서하지** 않는다는 것은 판단하고 있다는 것이다. 판단하고 있다는 것은 판단하시는 하나님을 제쳐놓고 자기가 그 자리에 서 있다는 것이다. 판단한다는 것은 결국 하나님께는 맡겨 둘 수 없다는, 하나님에 대한 불신을 나타내는 것이다.

사람을 용서하지 않는 자는 결코 하나님을 믿고 있다고 말할 수 없다. 자기 죄의 용서를 빌기 전에 남을 '용서해 줍니다' 라고 기도하지 않으면 안 되는 것, 그것은 의미 깊은 일이다. 물론 남을 용서하려 할 때, 그것이 얼마나 곤란한지는 나 또한 알고 있다. 배반한 사람을 용서하고, 자기의 재산을 가로챈 자를 용서하고, 자기의 지위를 위태롭게 한 자를 용서하는 것, 그것은 얼마나 어려운 일인가! 그 어려운 용서를 하려고 할 때, 비로소 자기 자신의 큰 죄를 깨닫고 그것이 얼마나 용서하기 어려운 죄인지를 알 수 있다. 그리고 용서하기 어려운 죄를 용서해 주시는 하나님의 사랑을 알게 된다.

9

남을 판단하지 말라

남을 판단하는 사람아, 무론 누구든지 네가 핑계치 못할 것은 남을 판단하는 것으로
네가 너를 정죄함이니 판단하는 네가 같은 일을 함이니라(롬 2:1).

"기분 나빠하는 것처럼 큰 죄는 없다"고 괴테는 말했다. 평소에 우리는 자신의 죄를 죄라고 생각하는 일이 없다. 그러므로 "당신에게는 죄가 있다"라는 말을 들으면, 자신에게는 죄가 없다며 마음으로 반항한다. 만일 괴테의 말대로 기분 나빠하는 것이 죄라면, 이 세상에 죄를 범하지 않는 사람이 한 사람이라도 있을까? 태어나면서부터 죽을 때까지 한 번도 기분 나빠해 본 적이 없는 사람은 아마 한 사람도 없을 것이다. 그렇다면 모든 사람이 죄인이라는 말이 된다.

기분 나빠하는 이유가 있든 없든, 기분 나빠하는 것은 주위 사람을 어둡게 한다. 남편이 아무리 즐겁고 맑은 마음으로 집에 돌아와도 아내가 시무룩해서 볼이 부어 있거나, 또 아내가 즐거운 마음으로 남편을 기다리고 있었어도 벌레를 깨문 것 같은 얼굴로 남편이 돌아온다면 즐거움은 대번에 사라져 버린다. 자신이 어떤 이유로 불쾌하다 하여 그것을 얼굴이나 태도에 나타내어 남도 불쾌하게 만드는 것은 확실히 자기 중심적인 자세임에 틀림없다. 사실은 이 자기 중심이란 것은 종

교상의 죄다. 사람들은 죄인이란 말을 들으면 형무소에 들어가 있는 살인범이나 사기범, 절도범 등을 연상할 것이다. 더욱이 죄인이란 말에서 곧 자기 자신의 모습을 생각해 보는 사람은 별로 없다고 본다.

우리는 죄가 많다는 말을 들어도, 죄인이란 말을 들어도 그것이 얼마나 자기와 밀접한 관계가 있느냐는 것은 보통 생각하지 않는 법이다. 그것은 양심이 둔하다든가 죄의식이 낮기 때문일 것이다.

그러나 인간이 참으로 죄가 많다는 것은 불끈하여 사람을 죽인다든가, 우발적인 실수로 남의 물건을 도둑질한다든가 하는 것 이상으로 훨씬 끈적끈적해서 쉽게 떨쳐 버리기가 어렵다. 어떤 사람이 이렇게 탄식하는 말을 듣고 나는 깊이 감동한 일이 있다.

"나는 사람 앞에서 남을 욕한 일이 없다. 아니, 그 사람이 없는 데서도 욕한 일이 없다. 그러나 마음속으로는 언제나 여러 사람을 비난하거나 업신여겼다. 그러면서 그 사람 앞에서는 한 번도 그런 일이 없는 것처럼, 싱글벙글 사이 좋은 것처럼 이야기하고 있다. 그런 내가 얼마나 나쁜 인간인가 하는 생각에 나 자신이 무서워진다."

이러한 사람에게 죄라는 글자는 자기 자신을 가리키는 것 이외에 아무것도 아닐 것이다. 그런데 이 말할 수 없이 나쁜 자기를 어떻게 해방할 것인가? 그것은 역시 사람의 위로도 아니며, 자기 변호도 아니며, 오직 기도하여 하나님의 용서를 구하는 것 외에는 달리 길이 없다.

주님의 기도 중 다섯 번째 기도는 참으로 이러한 죄에 대한 기도다. "우리에게 죄를 범하는 자를 우리가 용서한 것같이 우리의 죄를 용서해 주옵소서."

교회에서는 이 기도를 반드시 예배 때마다 드린다. 이 기도를 드린다는 것은 자기가 죄인이라고 고백하는 것이기도 하다.

그리스도는 "우리의 죄를 용서해 주옵소서" 하고 분명히 죄의 용서를 비는 말씀을 가르치셨다. 그러므로 자기에게 죄가 없다고 생각하는 사람은 이곳을 뛰어 넘어가면 된다. 용서 받을 죄가 없는데 "용서해 주옵소서" 하고 기도할 필요는 없기 때문이다. 그러나 우리들 가운데 이 기도는 내겐 필요 없다고 단언할 수 있는 인간이 과연 있을까?

이 기도를 배우는 기회에 이제 죄에 대하여 좀 생각해 보고 싶다. 왜냐하면 내가 이렇게 말하더라도 "나는 어떠한 죄 하나도 생각나는 것이 없다"고 말할 사람이 있을지 모르기 때문이다. 죄란 "과녁을 빗나간 것이다"라고 어느 목사님으로부터 들은 적이 있다. 사는 목적을 어디에 두는가 하는 것은 우리 인간에게 중요한 일이다. 이 목적을 곧 과녁이라고 생각해도 좋다. 사실은 우리 인간이 나아갈 목적이란 것은 '하나님' 밖에 없다고 생각한다. 그 하나님 편을 향하지 않고 걸어간다면, 자기로서는 날마다 꾸준히 열심히 걸어가노라 해도 점점 하나님에게서 멀어져 가게 된다. 그것은 동으로 가야 할 인간이 잘못하여 서로 나아가는 것과 같다. 걸으면 걸을수록 목적에서 멀어진다. 이것이 죄다.

언젠가 어디에다 쓴 것 같은데, 우리 부부는 여행 도중에 뜻밖에도 어떤 제사 지내는 마을에 당도한 일이 있었다. 평소에는 그런 일을 한 번도 한 일이 없는 미우라가 어떤 사격장에서 백 원어치쯤 사격을 즐기고 있었다. 꽤 정확하게 과녁을 겨누고 쏘노라고 하는데, 탄환은 이상하게도 빗나가기만 했다. 나중에 알아보니 총신(銃身) 자체가 휘어 있어서 빗나갔다는 것이다. 이것은 마치 자기 자신으로서는 하나님 편을 향하여 나아가노라 해도, 우리의 마음이 비뚤어져서 하는 일마다 하나님의 뜻에 맞지 않는 일을 하는 것과 같다. 결국 과녁을 빗나가고 있는 것이다. 그러므로 우리는 자기로서는 남에게 꽤 다정하게 하노라, 친절하게 하노라 해도 뜻밖에 남의 마음을 상하게 하며 살아간다.

"세 치 혀로 사람을 죽인다"는 말도 있고, "찔러 죽일 듯한 눈으로"라는 말도 있다. 이것은 우리 인간의 실태를 정확하게 나타낸 말이다. 우리는 자주 무의식적으로 힐끗 사람을 쏘아보거나 해서는 안 될 말을 해 버리곤 한다.

이 무의식적으로 바라본 눈, 무심코 튀어나온 말이야말로 우리 마음의 밑바닥에서 나온 우리의 참 모습이다. 그런데 우리는 그것이 얼마나 남을 괴롭히고 절망시키는지를 의외로 깨닫지 못한다. 나 자신도 말투가 강하기 때문에, 비록 바른 말을 했더라도 남에게 상처를 입힌 일이 여러 번 있어서, 정말 스스로에게 실망을 금치 못한다. 이러한 실패를 한 번도 하지 않은 사람이 있을까?

또한 죄란 '무엇인가를 하는 일'이라고 생각하는 사람이 있을지 모른다. 그러나 '하지 않는 죄'란 것이 있다. 무엇인가 하지 않는 것 또한 죄인 것 같다.

철없는 어린아이가 차의 왕래가 심한 길거리에서 공을 가지고 노는 것을 보고도 아무도 주의를 주지 않는 경우를 이따금 보게 된다. 차 속에서라도 꾸짖든지 보행자가 잘 타이른다면 좋을 텐데 모두가 무관심한 것이다. 그 어린아이가 만일 자기 아들이라면 사람들은 대체 어떻게 했을까? 모르는 체할 것인가? 아니다, 뛰어가서 끌어다가 자기 집에 데려갈 것이다. 그것을 생각하면 주의를 주지 않거나 충고하지 않는다는 것이 얼마나 차가운 죄인지……. 이를 통해 우리는 '하지 않는 죄'를 각자의 생활 속에서 쉽게 생각해 낼 수 있을 것이다. 차 속에서 깡패에게 얻어맞는 사람을 아무도 도와주지 않아 결국 죽게 만들었다는 사건도 그 '하지 않는 죄' 중의 하나일 것이다.

또 이성을 잃고 발끈 성을 내는 것도 죄라고 본다. 심한 말을 듣거나 무시를 당하면 우리는 발끈 성을 내는데, 그 발끈하는 것도 죄인 것 같다. 상대는 조금 비난했을 뿐인데, 비난받는 편은 발끈하여 식칼 같은 것으로 찔러 버리기도 한다. 오늘 아침에도 자신의 그릇된 생활을 비난한다고 발끈 화를 내고 어머니를 때려죽인 기사가 신문에 났다.

그러나 발끈 성내지 않는 인간은 그렇게 흔하지 않다. 발끈 성내는 것이 왜 죄인가? 그것은 겸손과 관용이 부족한 것이기 때문이다. 다시 말하면, 남의 충고를 받아들이지 않는 오만에서 나오는 것이기 때문이다. 오만이 얼마나 큰 죄인지는 말할 것도 없다.

또 사람을 용서하지 못하는 것도 죄다. 몇 해 전, 몇십 년 전에 있었던 용서하기 어려운 일을 기억하고 있는 것도 죄다. 기억하고 있다는 것은 용서하지 않고 있다는 것이다. 나의 소설 『빙점』은 남편이 아내를 용서할 수 없는 데서 싹튼 비극을 다룬 것이다.

그러나 우리는 종종 말한다.

"절대로 이 일만은 용서할 수 없다."

그러면 왜 용서하지 않는 것이 죄인가? 인간은 아무리 위대해도 상대방의 모습을 다 알 수는 없다. 좋다든지 나쁘다든지 하는 것을 참으로 판단할 수 있는 이는 하나님뿐이다. 인간은 판단할 수 없다. 인간이 인간을 판단하는 일이 얼마나 곤란한지는 이 세상의 재판을 보기만 해도 알 수 있다. 법관이 되기 위해 대학에 들어가서 난관이라고 하는 사법시험에 합격하여 재판관이 된다. 그렇게 공부한 사람들조차 수많은 자료를 가지고도 무죄한 인간을 유죄로 만들어 버리는 일이 그치지 않고 있다.

바로 얼마 전에도 한 노인이 몇십 년 동안 억울한 누명을 뒤집어쓰고 감옥살이를 한 사건이 신문에 보도된 일이 있다. 그러나 이는 억울한 죄를 뒤집어쓴 사람 중에서도 운이 좋은 편이리라. 이 세상에는 죄 없이 누명을 쓰고 일생을 마치는 사람이 얼마나 많겠는가?

무죄한 사람이 유죄가 되는 일이 있으므로, 유죄한 사람이 무죄가 되는 일도 있을 것이다. 특히 뇌물을 주고받은 죄가 흐지부지 사라지고 마는 것을 우리는 여러 번 보아 왔다.

법률을 배우고 재판을 하는 재판관조차 이처럼 그릇되게 재판을 하는 일이 있다. 더욱이 일상생활 중에서 오해로 인해 자기 중심적인 판단을 할 소지가 많은 우리가 올바로 남을 판단한다는 것은 도저히 불가능한 일이다. 참으로 올바로 심판할 수 있는 분은 전능자 한 분 뿐이시다. 대체로 우리 인간의 잘못은, 하나님 외에는 판단할 수 없는 판단을 인간 자신이 하려 하는 데 있다. 판단하는 것은 하나님의 자리를 범하는 것이다. 그렇게 생각해 보면, "우리에게 죄를 범한 자를 우리가 용서하는 것같이 우리의 죄를 용서해 주시옵소서"라는 기도가 불필요한 사람은 한 사람도 없다.

그런데 이 기도는 자기에게 죄를 범한 사람을 먼저 자기가 용서하는 것이 전제로 되어 있다. 우리가 기도를 하려 할 때, 만일 불화하게 된 사람이 있으면 그 사람과 화해하지 않으면 안 된다고 성경은 가르치고 있다. 이 기도도 마찬가지다. 우리의 마음속에 '저놈은 절대로 용서할 수 없다'는 생각을 가지고 있다면, 하나님도 우리를 용서해 주시지 않는다는 것이다.

슬픈 일이지만, 우리의 생활에는 '걸리는' 인간이 종종 있다. 바람난 남편, 신통치 않은 며느리, 시어머니, 친척, 또 그 중에는 아무리 생각해도 용서할 수 없는 상대도 있다. 그 사람들을 용서해야 비로소 우리는 "우리 자신의 죄를 용서해 주옵소서"라는 기도를 드릴 자격이 주어지는 것이다.

앞에서 말한 대로, 용서하지 않는다는 것은 판단하고 있다는 것이다. 판단하고 있다는 것은 판단하시는 하나님을 제쳐놓고 자기가 그 자리에 서 있다는 것이다. 판단한다는 것은 결국 하나님께는 맡겨 둘 수 없다는, 하나님에 대한 불신을 나타내는 것이다.

사람을 용서하지 않는 자는 결코 하나님을 믿고 있다고 말할 수 없다. 자기 죄의 용서를 빌기 전에 남을 '용서해 줍니다'라고 기도하지 않으면 안 되는 것, 그것은 의미 깊은 일이다. 물론 남을 용서하려 할 때, 그것이 얼마나 곤란한지는 나 또한 알고 있다. 배반한 사람을 용서하고, 자기의 재산을 가로챈 자를 용서하고, 자기의 지위를 위태롭게 한 자를 용서하는 것, 그것은 얼마나 어려운 일인가! 그 어려운 용서를 하려고 할 때, 비로소 자기 자신의 큰 죄를 깨닫고 그것이 얼마나 용서하기 어려운 죄인지를 알 수 있다. 그리고 용서하기 어려운 죄를 용서해 주시는 하나님의 사랑을 알게 된다. 그런 일들을 이 기도에 의하여 다시금 알게 되는 것이다.

나는 여기서 예수님의 기도를 생각한다. 예수님은 이와 같이 우리들에게 남을 용서하라고, 설령 그것이 아무리 어렵더라도 용서하라고 가르쳐 주셨다. 그 예수님 자신은 어떠하셨는가? 누가복음 23장 32~33절을 보자.

또 다른 두 행악자도 사형을 받게 되어 예수와 함께 끌려 가니라 해골이라 하는 곳에 이르러 거기서 예수를 십자가에 못 박고 두 행악자도 그렇게 하니, 하나는 우편에 하나는 좌편에 있더라 이에 예수께서 가라사대 아버지여 저희를 사하여 주옵소서 자기의 하는 것을 알지 못함이니이다.

몇 번을 읽어도 나는 이 말씀에 감동한다. 이 세상에 아무리 용서하기 어려운 사람이 있다 해도, 죄 없는 자기를 죽이려 하는 자처럼 용서하기 어려운 상대도 없을 것이다. 예수님께는 전혀 죄가 없었다.

아니, 죄가 없을 뿐만 아니라, 예수님은 오히려 많은 소경과 앉은뱅이, 문둥병자와 각색 병자들을 고쳐 주셨다. 그리고 여러 가지로 하나님의 말씀을 사람들에게 가르쳐 주셨다. 그런데 바로 그 예수님을 부당한 재판으로 십자가에 못 박은 것이다.

만일 우리가 그와 같은 입장에 처했다면 어떻게 할 것인가? 자기를 십자가에 못 박는 사람들을 위하여 우리는 이와 같이 깊은 자비의 기도를 할 수 있겠는가? 손바닥에 못이 박힌 극심한 고통 중에서 예수님은 이런 놀라운 용서의 기도를 드리셨던 것이다. 이것은 또한 "전 인류의 죄를 용서해 주시옵소서"하고 비는 기도이기도 했다고 나는 생각한다. 예수님은 "저들은 죄가 많은 자들이지만 용서해 주옵소서"라고 하시지 않고, "저들은 무엇을 하고 있는지 모르고 있습니다"라고 말할 수 없이 온정이 넘치는 말로 기도하셨다.

정말 우리 인간은 모두 누구든지 하나님의 눈으로 보면 무엇을 하고 있는지 알지 못하고 사는 존재들이다. 그러므로 어떻게 살 것인지를 참으로 아시는 예수님을 본받아 살 수밖에 없다. 우리는 결국 서로의 죄를 용서받을 수밖에 없는, 어쩔 도리가 없는 존재들이기 때문이다.

미우라는 내게 "사람은 사탄의 얼굴을 하고 찾아오는 것이 아니야"라고 말했다. "나는 사탄이다"라는 이름표를 붙이고 다가오는 사람은 없다. 어떤 사람은 선량하게 웃는 얼굴로, 어떤 사람은 점잖은 말씨로, 어떤 사람은 철학자와 같은 깊은 사상의 말로 우리들을 유쾌하게 만들며 가까이 접근해 온다. 마치 이 세상에서 가장 얻기 어려운 존재인 것같이 우리의 눈을 어둡게 하기도 한다. 어느새 우리의 생활 자세는 하나님을 배반하는 자세로 변해 버린다. 더구나 두렵게도 우리 자신이 그 사탄 역할을 하는 일이 자주 있는 것이다. 사탄이란 히브리어로 '원수'란 뜻인 듯하다. 확실히 자기를 멸망케 하는 존재이므로 그것은 원수일 것이다. 그러나 그것이 사탄인지 아닌지를 간파하는 눈을 지니지 않으면 안 되는 사람은 어느 누구도 아닌 바로 자기 자신이다.

사탄

이에 예수께서 말씀하시되 사탄아 물러가라 기록되었으되
"주 너의 하나님께 경배하고 다만 그를 섬기라" 하였느니라(마 4:10).

나이가 50, 60이 되어도 학창 시절에 시험 보던 꿈을 꾸는 사람이 있다. 시험이란 것은 그만큼 커다란 부담을 주는 것이다. 주님의 기도 중에는 다음과 같은 기도가 있다.

"우리를 시험에 들게 마옵시고 다만 악에서 구하옵소서."

이 가운데 '시험'이란 말은 '유혹'이란 뜻이리라. 원래 시험이란 얼마만큼의 실력이 있는가, 혹은 재능이 있는가, 또는 인격이 있는가를 알아보는 것이다. 우리는 싫든 좋든 날마다 시험을 치르고 있는 것과 같다. 시험을 치를 때마다 우리는 나름대로의 답을 써낸다. 답을 써내지 않는 것도 하나의 답이며, 틀린 답을 써내는 것도 하나의 답이다.

만일 어느 주부가 남편이 집에 없을 때 마음을 끄는 남성과 알게 되었다고 하자. 그 남성이 몇 번 찾아와서 자기에게 호의 이상의 것을 자주 보인다고 하자. 이것도 하나의 시험이다. 시험에는 때로 우리를 타락으로 이끄는 유혹의 경향이 따른다. 이 남성에게 어떤 태도를 취할 것인가? 그것이 시험에 대한 우리의 답일 것이다. 어떤 사람은 그의 방문을 단호히 거절할 것이며, 어떤 사람은 재빨리 자기 남편에게 그 남성의 존재를 알릴지도 모른다. 그러나 어떤 사람은 말을 하는 것뿐이라면 무방하리라 여기며 자기를 허락하고, 어떤 사람은 다방에서 만나는 것쯤은 허락할 것이다. 또 어떤 사람은 아내에게도 키스까지는 허락된다고 생각하고, 혹은 남편에게 알려지지만 않는다면 몸을 허락하는 사람조차 있을지 모른다.

가령 몸을 허락해도 가정만 파괴하지 않는다면 괜찮다고 생각할 사람도 있을 것이며, 남편도 아이도 버리고 그 남성에게 달려가도 괜찮다고 생각하는 사람도 있을지 모른다. 같은 시험이라도 답은 사람에 따라 여러 가지로 나온다.

나는 남편 미우라에게서 "당신은 사탄의 깊이를 알지 못한다"며, 성경의 말씀을 인용하여 주의를 받은 일이 있다. 그것은 "어떤 남성과 단둘이서 밤을 지내더라도 나는 결코 이상한 사이가 되는 일이란 없다"고 말한 적이 있기 때문이다.

나는 소설을 쓰면서도 인간이란 존재에 대하여 아직 천박한 견해밖에 없다. 나라는 사람을 잘 모른다. 그러므로 진심으로 그렇게 생각했다. 그리고 지금도 그 점만은 문제가 없다고 생각하는 때가 있다. 그러나 최근 나는 어떤 책을 읽고 다음과 같은, 흥미로운 말을 알게 되었다.

"이상하게도 유혹이란 것은 자주 우리의 약점이 아니라 장점에 작용해 온다. 만일 '나는 이 일만은 절대로 하지 않는다'고 하는 것이 있다면, 그 일이야말로 경계하지 않으면 안 된다."

과연 그렇다고 나는 생각했다. 사람이란 자기가 빠지기 쉬운 일에 대해서는 충분히 경계를 한다. 이를테면 몸이 약한 나 같은 사람은 병균에 대하여 꽤 경계해서 식사 중에 식기 이외의 것에 손이 닿거나 하면 곧 손을 씻으러 간다. 채소나 과일도 잘 씻는다. 식기와 행주 같은 것은 자주 삶는다. 그러나 몸이 건강한 사람 중에는 화장실에 갔다 와서도 손을 씻지 않는 사람이 있으며, 식전에 손을 씻지 않는 사람도 있다. 또 방에 떨어진 음식물을 주워서 예사로 먹는 사람도 있다.

그것은 평소에 건강하기 때문에 '나는 절대로 병에 걸리지 않는다'라고 생각하기 때문이다. 그와 마찬가지로 나는 미우라 이외의 남성과 단둘이 있는 일에 참으로 순진하다. 아무 경계심도 일어나지 않는다. 다행히 지금까지는 문제가 없었으나, 만일 상대가 적극적으로 나왔다면 어떻게 되었을지는 역시 확신할 수 없는 일이다.

자기가 자신 있는 일에 사람은 확실히 실패하는 것인지도 모른다. 돈에는 아무 문제가 없다고 생각하는 사람이 뜻밖의 뇌물 사건에 말려들거나, 운전은 자신 있다고 생각하는 사람이 대형 교통사고를 일으키기도 한다.

교통사고에 대해 말하다 보니 생각나는데, 교통사고를 일으키는 많은 사람들이 대인(對人)보험에 들어 있는 일이 적다고 한다. 이 또한 "나는 교통사고 같은 건 절대로 일으키지 않아" 하고 장담하기 때문일 것이다. 이렇게 생각해 보면 "시험에 들지 말게 하옵시고 다만 악에서 구하옵소서"라는 기도는 참으로 겸손하지 않으면 드릴 수 없는 기도라고 생각된다. 이 기도를 진심으로 할 수 있는 사람은, 사람이란 존재는 언제 어떤 유혹에 빠질지 모른다고 하는 확실한 인간관을 가지고 살고 있다고 말할 수 있다.

자기의 약함을 안다는 것은 또한 남의 약함도 안다는 것이다. 우리가 유혹에 빠지는 것은 자기도 상대도 알지 못하는 데서 오는 것이 아닐까? 이를테면 지방에 살고 있을 때는 순진한 소년 소녀였던 사람이, 도시에 몇 년 가 있는 사이에 어느새 못된 인간이 되어 버렸다는 이야기를 자주 듣거나 보게 된다. 도시에 나갈 때는 본인도 타락하리라고는 생각지 못했을 것이다. '나만은 결코 그런 패거리에 들지 않는다.' 틀림없이 그렇게 생각하고 가슴이 부풀어서 도시로 나갔을 것이다. 그런데 그러던 것이 왜 몇 해 후에 자기 자신도 정말 기가 막힐 정도로 변해 버렸을까? 사람은 왕왕 자기와 가장 가까운 사람에 의해 변한다고 한다. 집을 떠난 경우에 가장 가까운 사람은 친구다. 그 친구가 악으로 달려가게 하는 유혹자가 되는 것이다. 도박을 좋아하는 친구와 사귀면 어느새 자신도 도박을 배우게 된다. 욕하기를 좋아하는 친구와 맞장구를 치면 어느새 자신도 남에게 욕하기를 좋아하게 된다. 술을 좋아하는 친구와 사귀면 자기도 모르는 사이에 술맛을 알게 된다. 친구란 확실히 유쾌한 존재이지만, 자기의 살아가는 방향을 그르치게 하기도 하는, 불유쾌한 존재이기도 하다.

미우라는 내게 "사람은 사탄의 얼굴을 하고 찾아오는 것이 아니야"라고 말했다. "나는 사탄이다"라는 이름표를 붙이고 다가오는 사람은 없다. 어떤 사람은 선량하게 웃는 얼굴로, 어떤 사람은 점잖은 말씨로, 어떤 사람은 철학자와 같은 깊은 사상의 말로 우리들을 유쾌하게 만들며 가까이 접근해 온다. 마치 이 세상에서 가장 얻기 어려운 존재인 것같이 우리의 눈을 어둡게 하기도 한다. 어느새 우리의 생활 자세는 하나님을 배반하는 자세로 변해 버린다. 더구나 두렵게도 우리 자신이 그 사탄 역할을 하는 일이 자주 있는 것이다. 사탄이란 히브리어로 '원수'란 뜻인 듯하다. 확실히 자기를 멸망케 하는 존재이므로 그것은 원수일 것이다. 그러나 그것이 사탄인지 아닌지를 간파하는 눈을 지니지 않으면 안 되는 사람은 어느 누구도 아닌 바로 자기 자신이다.

사탄은 또 사람을 통해서뿐만 아니라 물질을 통해서도 우리를 유혹해 온다. 만일 생각지도 않은 큰 돈이 들어왔다면, 우리는 그 돈을 어떻게 바르게 사용할 수 있을까? 사지 않아도 좋은 것을 사든가, 쓰지 않아도 좋을 데 지출하든가, 아니면 쓰지 않으면 안 될 데 아낌으로써 낭비를 하거나 인색하게 되지는 않는가. 누구에게 물어보아도, 누구에게 보여주어도 부끄럽지 않은 사용법이 과연 우리에게 있을까. 아니, 갑자기 큰 돈이 들어오지 않았더라도, 나날의 돈과 관련하여 생활 속에서 우리는 정말로 사용할 데 쓰고 사용해서는 안 될 데 사용하지 않는다는 생활 신조가 있는가. 재난을 당한 사람들에게, 그 양친이 앓고 있는 친구에게 우리는 흔쾌히 돈주머니를 풀 수 있는가?

"돈을 사랑하는 것은 일만 악의 뿌리다"라는 말씀이 성경에 있다.

그렇듯 물욕 때문에 몸을 망치는 사람이 얼마나 많은지 모른다. 우리는 너무도 많이 알고 있다. 사립대학의 뒷문 입학, 록히드 뇌물 사건, 헌금이라는 미명 하에 정치가에게 주는 뇌물로부터 선거 때마다 뿌려지는 금권정치의 돈, 그리고 가장 두려운 것은 물욕 때문에 일어나는 전쟁이다. 어쨌든 우리의 작은 가정조차도 돈의 사용법 하나로 인해 그 집이 견실하게 되기도 하며 경박하게 되기도 한다. 그러므로 돈을 올바로 쓰기 위해서도 우리는 "시험에 들지 말게 하옵시고 다만 악에서 구하옵소서"라고 날마다 기도해야 할 것이다.

화제를 좀 달리해서, 나는 요즘 텔레비전이나 영화를 볼 때 잔학한 장면이 나오면 눈을 감는다. 레슬링 같은 것은 물론 보지 않으며, 기괴하고 잔인한 장면은 피하기로 했다. 왜냐하면 우리 인간이 무심히 보거나 듣거나 하는 것도 뇌세포가 기억하고 있다고 들었기 때문이다. 그것은 카메라로 찍은 것처럼, 혹은 녹음을 한 것처럼 뇌에 확실히 새겨져 있다는 것이다. 나는 나의 머릿속에 더 이상 추한 장면이나 무서운 말이 기록되는 것을 두려워한다. 왜냐하면 언제 그 축적된 것들이 갑자기 마음에 떠올라서 나를 악으로 유혹할지 모르기 때문이다. 퍼뜩 떠오르는 생각을 우리는 결코 좋게 보아서는 안 된다.

올봄에 내게 어떤 사람으로부터 편지가 왔다. 그녀는 평범한 결혼을 했다. 아무 문제가 없는 평화로운 가정이었다. 벌써 8년을 지내온 그 가정에 대해 그녀는 나름대로 만족하고 있는 터였다. 그런데 어느 날 문득 첫사랑이었던 사람을 생각해 냈다. 퍼뜩 생각났을 뿐이다. 그러나 차차 그를 만나고 싶어졌다. 만나고 싶다는 생각은 점점 더

강해져서 마침내 그녀는 그 첫사랑에게 전화를 걸었다. 여기서부터 그녀의 생활은 무너져 갔다. 가정은 돌이킬 수 없으리만큼 깊은 균열이 생기고 말았다.

이것은 어느 날 퍼뜩 떠오른 생각이 여기까지 발전한 것을 보여준다. 도둑질하는 사람, 살인하는 사람, 방화를 저지르는 사람, 그런 사람들도 어느 날 문득 떠오른 생각이 그러한 범죄의 시초가 되는 것이다. '만일 저 자식이 죽어 준다면' 하고 문득 떠오른 생각이 발전하고, '나도 은행 강도라도 해볼까?' 하며 농담으로만 생각한 것이 진짜가 되며, '저 집을 불태워 보고 싶다'고 생각한 것이 뜻하지 않은 방화로 달음질하게 되는 것이다.

이처럼 마음속에 악을 향한 기울어짐이 있다는 사실을 안다면, 우리는 역시 끊임없이 기도해야 한다는 사실을 진지하게 배우지 않으면 안 된다. 악이란 즐거운 것이다. "이곳에 들어가지 말라"고 기록되어 있으면 들어가고 싶은 것이다. 연애하면 안 된다고 금하기 때문에 남의 남편이나 아내를 도둑질하고 싶은 것이다. 그것은 금단의 열매를 먹은 아담과 하와가 옛날부터 가지고 있던 인간의 성향이다. 참으로 "시험에 들지 말게 하옵시고 악에서 구하옵소서"라고 기도할 수밖에 없다. 이상으로 주님의 기도를 마치기로 한다.

기도에 대하여 여러 가지를 써 왔으나, 처음에 바랐던 대로 붓이 나가지는 않았다. 결론적으로 나는 기도에 관한 일화를 좀 소개해 보고 싶다.

수년 전에 우리 부부는 어느 목사님을 방문한 일이 있었다. 이미 돌아가신 분인데, 그 목사님에게는 여러 가지 감동적인 일화가 많은데 『광야에 물이 솟다』라는 제목의 감동적인 전기도 나와 있다. 그런데 거기에 나와 있지 않은 이야기 가운데 내가 직접 들은 재미있는 이야기를 소개하고자 한다.

어느 날 밤, 그 목사님은 어떤 문제에 부딪혀 뒤꼍에 있는 바닷가에 나가서 모래밭에 엎드려 기도를 했다. 방 안에서 기도하는 사람도 있으나, 산에 올라가서 혹은 강가에 서서, 대자연 속에서 기도하는 사람도 적지 않다.

그 목사님은 문제가 생기면 바닷가 모래밭에서 몸부림치며 기도를 한 것 같다. 그날 밤도 정말 몸부림치면서 기도하기 시작해서 드디어 날이 희끄무레 밝아 올 무렵까지 그 문제에 대해 하나님께 호소하며 계속 간구했다. 밤이 샐 무렵에는 그 문제에 대하여 어떻게 할 것인지가 해결되어 몸은 지쳤으나 밝은 마음으로 집으로 돌아왔다. 그리고 세면대에서 얼굴을 씻으려고 할 때였다. 오른손에 무엇인가 쥐고 있는 것을 깨닫고서 자세히 보니 그것은 그 근방에서는 본 일이 없는 조개 껍데기였다.

그는 자기 집에 박물 진열실을 가지고 있을 만큼 동식물, 박물에 깊은 관심을 가지고 있었다. 만일 관심을 가지고 있지 않았다면 그 조개 껍데기를 보았어도 아무렇지도 않게 버렸을 것이다. 바닷가에 살고 있는 사람으로서 조개 껍데기는 별것 아니기 때문이다. 그러나 그 목사님은 처음 보는 조개 껍데기에 감동되어 즉시 그 방면의 전문가에게 봐 달라고 했다. 그러나 그 사람도 처음 보는 조개 껍데기였다. 그래서 그 조개 껍데기는 어느 권위 있는 학자에게 보내졌다. 그리고 놀랍게도 그것은 일찍이 발견된 적이 없는 조개라는 사실이 알려졌다.

그리하여 그 조개는 그 목사님이 처음 발견한 것으로 세계의 학계에 소개되었다. 그 조개를 보려고 일부러 외국에서 그 목사님의 집을 찾아온 학자도 있었다. 그리고 마침내 그 조개에는 비싼 값이 붙었다. 얼마든지 드릴 테니 양보해 달라고 나서는 학자도 있었다. 목사인 그로서는 대단한 액수였다. 그러나 그는 그것을 아무에게도 양보하지 않았다.

그것은 그에게 있어서 하나님의 사랑을 기억하게 해주는 귀중한 것이었기 때문이다. 그는 조개 껍데기를 줍기 위해 바닷가에 나간 것이 아니었다. 다만 기도하기 위하여 모래밭에 몸을 던지고, 대지(大地)를 치며 기도했던 것이다. 그리고 모르는 사이에 움켜쥔 그 조개 껍데기가 도중에 버려지지 않고 자기 손 안에 꼭 쥐어진 것이다.

이것을 단순한 우연이라고 말할 수 있을까? 꿈에도 생각지 못한 일이었다. 더구나 이 같은 조개는 그 바닷가를 아무리 뒤져 보아도 달리 발견할 수가 없었던 것이다.

오카야마(崗山)에서 고아원을 운영하고 있는 이시이(石井)라는 사람도 참으로 기도를 많이 하는 사람이라고 한다. 그는 많은 고아를 양육하고 있는데 언제나 돈이 없었다. 있는 것은 고아에 대한 사랑과 하나님에 대한 신뢰뿐이었다. 그런데 그는 기도를 할 때면 언제나 같은 처소에서 한 모양이다. 그 방의 한 곳에는 그의 무릎 자국이 우묵하게 들어가 있다고 전해진다. 무릎 자국이 우묵하게 파일 만큼 상체를 굽히고 열심히 기도했을 그의 모습이 상상되어 깊은 감동을 금할 수가 없다. 이러한 기도 덕분에 그 고아원 아이들은 주리는 일 없이 양육되었다는 것이다.

하나님은 살아 계신다

나의 반석이시요 나의 구속자이신 여호와여 내 입의 말과 마음의 묵상이
주의 앞에 열납되기를 원하나이다(시 19:14).

    기도는 이상한 것이라고 나는 곰곰이 생각한다. 아침에 일어나서 1분 기도하는 사람, 5분 기도하는 사람, 한 시간 기도하는 사람…… 그 시간은 각기 다르나, 기도하는 시간이 많은 사람일수록 그 기도하는 시간을 더 많이 늘려 간다. 하루도 거르는 일이 없다. 반대로 기도하는 시간이 적은 사람은 차차 날마다 기도하기를 그만두고, 사흘에 한 번, 열흘에 한 번, 이렇게 사이가 뜸해지다가 나중엔 아예 기도하기를 그만두고 만다.
    역사상 신앙인들의 생활을 보더라도 큰일을 한 사람일수록 날마다 많은 시간을 들여서 기도를 했다. 이러한 사람들은 예외 없이 바쁜 사람들이었다. 그런데 기도가 적은 사람일수록 이상하게 여가가 있는 사람이다.
    "바빠서 기도할 수가 없다."
    이런 변명은 어찌하든 성립될 것 같지가 않다.
    요즘 나는 한 가지 일을 위해서 아침마다 계속 기도하여 그것이

345일 만에 이루어졌다는 이야기를 『기도는 이루어진다』라는 책에서 읽었다. 그것은 삿포로의 교회에서 일어난 일이었다. 어떤 신자와 목사가 마음을 합하여 시내의 북부에 전도소가 주어지도록 한결같이 기도를 계속해 왔다는 것이다. 매일 아침마다라는 것은 대단한 일이다. 더구나 홋카이도(北海道)에서 말이다. 여름이면 또 몰라도 겨울철에 아침마다 난로도 피우지 않고 추위에 떨면서 이 두 사람은 새벽 5시에 기도를 했다. 찬송가를 부르고, 성경을 읽고 그리고 기도를 한다. 이것이 한 시간쯤 걸린다.

마침내 그 신자는 신경통에 걸렸다. 기도하기 시작하여 실로 345일 만의 일이었다. 신경통에 걸린 이 신자는 양쪽 팔 다리가 너무 아파서 이제는 더 이상 기도할 수 없는 지경에까지 이르렀다. 그 날은 밤에도 기도회가 있는 날이어서 전과 같이 밤이 되어 집회가 시작되었다. 성경을 읽은 후에 목사님이 말했다.

"인간의 힘이 다하여 이제 더 이상 어찌할 도리가 없게 된 때에 비로소 하나님께서 능력으로 역사해 주십니다."

이 말씀을 들은 후 교인들은 기도하기 시작했다. 교회의 기도회에는 대개 한 사람도 빠지지 않고 와서 기도한다. 이렇게 기도가 끝난 때였다. 한 사람의 신사가 교회에 찾아왔다. 목사님을 뵙고 싶다는 것이었다. 어쩐 일로 찾아왔느냐는 목사님의 물음에 그 신사는 이렇게 말했다.

"사실 저는 어느 교회 신자입니다. 저는 삿포로 북부에 85평의 땅을 가지고 있습니다. 거기에 15평의 집을 새로 지으려고 하는데, 그 집을 전도하는 처소로 사용해 주시지 않겠습니까?"

목사도 교인들도 꿈인가 하고 놀랐다. 그 교회는 돈도 없는 가난한 교회였다. 그러나 어떻게 해서든지 그리스도의 말씀을 전하기 위하여 전도소를 가지기를 원했다. 불가능해 보이는 소원이었다. 그런데 갑자기 알지도 못하는 신자에 의해 전도소가 주어지게 된 것이다. 신자들은 너무나 감격하여 큰 소리로 울며 하나님께 감사드렸다. 이 일이 이루어진 배후에는 참으로 345일 간 하루도 거르지 않고 드린 기도가 있었다. 만일 10일이나 20일로 기도를 그만두었더라면, 만일 한 달이나 두 달로 기도에 지쳐 버렸더라면 아마 이러한 기쁨은 주어지지 않았을 것이다. 이와 비슷한 이야기는 기도를 많이 하는 목사와 신자에게 흔히 일어나는 것 같다. 이처럼 기적과 같은 일을 기도를 많이 하는 사람들은 종종 경험한다고 한다. 그러므로 더욱더 기도를 많이 하게 되는 것임에 틀림없다.

금년에 세상을 떠난 어느 목사는 "한 번 기도의 맛을 보면 그만둘 수가 없다"고 말했다. 맛을 본다는 말이 이상하게 들릴지 모르나, 체험자에게는 정확한 표현이다. 물론 그것은 단지 물질을 얻은 것을 기뻐하는 것이 아니다. 하나님의 확실한 응답을 기뻐하는 것이다. 이것이 기도의 맛이라는 것이리라.

오카야마(崗山)에서 고아원을 운영하고 있는 이시이(石井)라는 사람도 참으로 기도를 많이 하는 사람이라고 한다. 그는 많은 고아를 양육하고 있는데 언제나 돈이 없었다. 있는 것은 고아에 대한 사랑과 하나님에 대한 신뢰뿐이었다. 그런데 그는 기도를 할 때면 언제나 같은 처소에서 한 모양이다. 그 방의 한 곳에는 그의 무릎 자국이 우묵하게 들어가 있다고 전해진다. 무릎 자국이 우묵하게 파일 만큼 상체를 굽히고 열심히 기도했을 그의 모습이 상상되어 깊은 감동을 금할 수가 없다. 이러한 기도 덕분에 그 고아원 아이들은 주리는 일 없이 양육되었다는 것이다.

다음으로는 우리가 친히 지도를 받고 있는 시고쿠(四國) 가모시마(鴨鳥)의 이토오(伊藤) 목사의 체험을 소개해 보자.

당시 이토오 선생은 어떤 교회의 목사였다. 그러나 중국 대륙에 전도할 뜻을 품고 자비(自費)로 건너갈 결심을 했다. 그 말을 듣고 어떤 의사인 신자가 중국까지의 여비를 담당해 주었다. 또 다른 신자들도 송별금으로 조금씩 도와주었다. 떠날 준비를 하고 나니 돈이 50엔 남았다. 당시 그의 사례금은 한 달에 30엔이었으므로 50엔이면 당분간 충분하다고 생각하고는 안심하고 떠나기로 했다. 그런데 출발 전날 그는 교회의 회계에게서 49엔을 빌려 쓴 일이 생각났다. 이 빚은 그 자신을 위해서 쓴 것이 아니고 교인 중에 어려운 사람이 있어서 보기에 딱하여 자신의 이름으로 회계에게서 빌린 것이었다. 그는 주저없이 이 돈을 갚았다. 50엔 중에서 49엔을 갚으니 손에 남은 것은 1엔 뿐이었다. 선생은 심히 난처해졌다. 아무리 차표가 있다 하더라도 1엔을 가지고는 도중에 도시락 값도 안 되는 것이었다. 그렇다고 이제 중국행을 그만둔다고 할 수도 없는 일이었다. 회계에게는 일단 갚았으므로 주머니 사정이 이렇다는 것을 털어놓고 다시 그에게서 돈을 빌릴까도 생각해 보았다. 하지만 그렇게 결심하고 회계의 집으로 나서려다가 '가만 있자' 하고 그는 생각했다. 언제나 자기는 신자들에게 무엇이라고 설교해 왔던가?

"무엇을 먹을까, 무엇을 마실까, 무엇을 입을까 염려하지 말라. 이런 것은 이방인이 구하는 것이다. 너희 하늘의 아버지는 이런 것이 다 너희에게 필요한 것임을 아신다. 먼저 하나님의 나라와 하나님의 의를 구하라. 그러면 이 모든 것을 다 너희에게 더해 주리라."

이러한 그리스도의 말씀으로 항상 하나님에 대한 신뢰를 가르쳐 오지 않았던가? 그는 정작 위급한 때에 자기가 어슬렁어슬렁 회계에게 돈을 꾸러 간다는 것은 단연코 있을 수 없는 일이라고 생각했다. 확실히 교회의 회계에게 꾸고자 한다면, 적어도 갚은 것만큼은 빌릴 수 있다. 한마디만 하면 회계는 기꺼이 빌려줄 것이다. 그것을 알고 있는 만큼 그는 더더욱 할 말이 생각나지 않았다.

그렇지만 1엔이란 돈으로는 아무래도 중국 대륙을 향한 출발은 무리였다. 그러나 출발은 모레로 다가오고 있었다.

'그렇다, 동생에게서 돈을 빌려 보자.'

그는 이렇게도 생각해 보았다. 그러나 동생은 요코하마에 있었다. 곧바로 전보를 쳐도 시간에 맞출 수 없었다.

'그렇다, 모지(門司)의 친구에게……'

모지 역(驛)은 중국으로 가는 도중에 있었다. 그렇게 생각하기는 했지만, 그의 마음은 도무지 가볍지 않았다.

'이래 가지고는 사람을 의지하는 것밖에 아무것도 아니지 않은가? 왜 아버지인 하나님께 구하지 않는가?'

그래서 그는 무릎을 꿇고 기도하기 시작했다.

"하나님 아버지, 빚을 갚고 나니 이제 1엔밖에 남지 않았습니다. 저의 체면과 관련된 것입니다. 아무튼 제게 필요한 돈을 주시옵소서." 그는 되풀이하고 되풀이하여 이같이 기도했다. 그러나 그 기도에는 너무나 힘이 없었다.

'왜 이같이 기도에 힘이 없는가?'

기도하기를 그만두고 그는 생각해 보았다. 그리고 깨달았다.

'지금 나는 아침에 중국을 향하여 출발하지 않으면 전송 나온 사람들에게 창피하다며 나 자신의 체면만을 생각하고 있다. 문제는 나 자신의 체면이 아니지 않은가? 이 자리에서 하나님이 정말로 중국을 위하여 필요하다고 생각하시면 비록 1엔밖에 없다 해도 축복해 주실 것이다. 구할 것은 하나님의 영광과 하나님의 뜻이지 나 자신의 체면이 아니다.'

이렇게 생각을 정하고 나니 그의 기도는 힘과 감사로 넘쳤다.

"하나님, 1엔의 돈을 가지고 출발하는 것이 아버지의 뜻이라면 저는 1엔의 돈을 가지고 출발합니다. 제가 중국을 향해 출발하는 것이 당신의 영광이 된다면 어쨌든 출발하게 해주시옵소서. 그러나 아버지의 뜻이 아니라면 출발을 그만두게 해주시옵소서. 제가 병이 나든지 어머니의 건강에 지장이 생기는 형태로 그만두게 해주시옵소서."

기도에 기도를 더하고, 그날 밤 늦게서야 그는 자리에 들었다. 그리고 다음날 아침 눈을 뜬 그는 '내가 머리가 아프지 않은가? 내가 어디가 아프지 않은가? 열이 나지 않는가?' 하고 생각했으나 건강 상태는 매우 양호했다. 또 어머니의 건강 상태에도 아무런 이상이 없었다.

역시 출발하는 것이 하나님의 뜻인가 보다 하고 1엔을 호주머니에 넣고 역으로 나갔다. 역에는 많은 교인과 친지들이 전송을 하러 나와 있었다. 모두들 설마 그가 1엔밖에 가지고 있지 않다고는 꿈에도 생각지 못했을 것이다. 그러나 그의 마음은 편안했다. 그때 전송하러 나온 사람 중에 몇 명이 그의 곁으로 다가오더니 전별금을 내놓았다. 그는 적이 놀랐다. 이미 전별금을 받을 데서는 다 받았다고 생각하고 있었다. 그런데 열세 명이나 되는 사람들이 전별금을 내놓은 것이었다. 여러 사람의 전송을 받으며 그는 역을 출발했다. 기차 속에서 세어 보니 전별금은 30엔이었다.

이윽고 기차는 모지에 도착했다. 거기서도 친구가 전송을 나와서 역시 전별금을 주었다. 그것은 15엔이었다. 그는 감사하며 규슈로 건너갔다. 아직 그 즈음에는 터널이 없었다. 규슈에 기항하자 두 친구가 전송을 하러 나왔다. 그리고 또 전별금을 주었다. 그는 배 안에서 두 사람이 준 전별금이 든 봉투를 열어 보았다. 그리고 그것을 열어 본 순간 한 대 얻어맞는 것 같은 느낌이 들면서 놀라지 않을 수 없었다. 그 두 사람에게서 받은 전별금은 2엔씩 4엔이었던 것이다. 결국 30엔, 15엔, 4엔을 합하니 총 액수가 49엔이었다. 그는 배 안에서 눈물을 흘리며 하나님께 감사드렸다. 그것은 그가 가난한 사람을 위하여 교회에서 빌렸던 것을 갚은 액수 49엔이었다. 하나님은 그의 기도를 들어주셔서 그 49엔을 꼭 그대로 한 푼도 어김없이 주신 것이다. 이것이야말로 중국 전도를 위해 출발하는 그에게 주신 하나님의 전별금이었다. 그것은 바로 하나님은 살아 계시다고 하는, 하나님의 음성이며 그분의 응답이기도 했다. 그리고 또 중국 전도를 할 때 어떤 어려움이 있더라도 항상 하나님이 함께해 주신다는 격려이기도 했다.

그 목사님은 그때 곰곰이 생각한 모양이다. 허드슨 테일러라는 위대한 전도자는 그 이름도 알려지지 않았을 즈음 2엔의 돈을 가지고 중국으로 건너갔다. 그런데 그때 다른 선교사들은 너무나 가난한 허드슨 테일러에게 "2엔을 가지고 전도를 시작하는 것은 하나님의 수치를 드러내는 일이다. 곧 귀국하라"고 충고했다. 하지만 그때 이름 없는 허드슨 테일러는 빙긋이 웃으면서 대답했다.

"내게는 2엔밖에 없소. 그러나 2엔 플러스 '하나님의 은혜'가 있소. 이것만 있으면 충분히 중국 전도를 할 수 있소. 여호와 이레(하나님이 예비하시다)."

이 일화를 떠올리며 그는 감동했다.

"그렇다, 참으로 여호와 이레다."

이리하여 그는 현해탄의 거친 물결을 헤치고 기쁨으로 중국에 건너갔다는 것이다. 후년에 그가 가가와(川) 선생에게 이 이야기를 했을 때 가가와 선생은 무릎을 치며 "있지, 있어. 그런 일은 여러 번 있었지!"라고 말했다. 아마 이러한 일은 진지하게 기도 생활을 하는 사람들에게는 "있지, 있어. 내게도 같은 일이 있었지" 하고 무릎을 치게 되는 일이 아닌가 하고 나는 생각한다.

그리고 우리 부부도 작은 기도이기는 하나 여러 번 그 기도가 참으로 이상한 형태로 이루어진 것을 감사했다.

세상에는 "하나님은 없다"라든가, "하나님은 인간이 만들어 낸 것이다"라고 말하는 사람들이 많다. 나 또한 옛날에는 그렇게 생각하던 사람 가운데 하나였다. 그러나 확실히 기도에 응답해 주시는 하나님을 생각할 때, 나는 이 기도에 대하여 쓰지 않고는 견딜 수가 없었다.

글재주로 말하면 아직도 나는 미숙한 자다. 그러나 그러한 내가 13년 전에 아사히 신문(朝日新聞)의 현상소설에 응모하여 731명이나 되는 응모자 중에서 당선된 것은 역시 기도가 이루어진 것이라고밖에는 생각되지 않는다. 물론 이루어지지 않는 기도도 있다. 그러나 그 또한 하나님의 뜻일 것이다. 어린아이가 아무리 졸라도 우리 어른들이 결코 주지 않는 것이 많이 있다. 세 살짜리 아이에게 자동차를 사 주는 부모는 없으며, 집을 건축해 주는 부모도 없다. 권총이나 칼 같은 것도 주지 않는다. 그것은 부모에게 사랑이 없기 때문이 아니라, 바로 사랑이 있기 때문이다.

또 하나님이 기도를 들어주시지 않는 것같이 생각되는 시기가 있다. 내게도 그런 경험이 있는데, 5년 동안이나 기도해도 신자가 되지 않았던 사람이 6년 만에 신자가 되어 이제는 교회의 안팎에서 참으로 훌륭한 활동을 하고 있다. 기도가 이루어지든 이루어지지 않든 우리는 인간으로서 거룩한 하나님께 기도하고 구하면서 살아가야 한다. 그것도 자기를 위해서라기보다 하나님을 위해서 말이다. 인간은 하나님을 위해서 살도록 지어졌다. 하나님을 배반하고 살아서 참으로 행복하게 된 사람을 나는 알지 못한다. 항상 하나님에게서 듣고 하나님에게 구하며 살아주기를 바란다고 기도해 마지않는다.

우리는 자칫하면 나 한 사람쯤 어떻게 살든 상관없다고 생각하기가 쉽다. 그러나 나가오 목사를 생각하고 가가와 목사를 생각할 때, 우리의 그런 생각은 돌이켜보아야 한다. 한 사람의 삶은 중요한 것이다. 또한 그 삶을 지탱하는 기도는 중요한 것이다. 누가 알아주지 않아도 좋다. 누가 보아주지 않아도 좋다. 우리는 인간으로서 기도해야 할 것을 정성들여 기도하며 살아가야 한다. 자기의 영혼을 위하여, 가족의 삶을 위하여, 이웃의 행복을 위하여, 일본의 정치를 위하여, 러시아를 위하여, 미국을 위하여, 중국을 위하여, 한국을 위하여, 북한을 위하여, 대만을 위하여, 동남아시아를 위하여, 유럽을 위하여, 남미를 위하여, 오스트레일리아를 위하여, 모든 사람을 위하여 사랑과 겸손으로 기도하며 살아가기를 바란다. 세계의 한 사람 한 사람이 그러한 기도를 하게 될 때, 자기도 변하고 세계도 변화되는 것이 아니겠는가?

기도는 세계를 변화시킨다

화평케 하는 자는 복이 있나니 저희가 하나님의 아들이라 일컬음을 받을 것임이요(마 5:9).

기도에 대하여 여기까지 말해 왔으나, 이것으로 기도의 중요성을 전부 다 말했다고는 할 수 없다. 아마 기도에 대하여 전부를 다 말한다는 것은 아무도 할 수 없는 일이 아닐까. 그만큼 기도의 깊이는 깊고 폭은 넓다. 이제까지 기도한 사람 수만큼 기도에 대하여 말할 것이 있지 않을까. 나는 그렇게 생각한다.

이제부터 말하는 것은, 지난날 NHK의 '인생독본'에서 언급한 바 있는데 여기서 다시 말하고 싶다. 이 이야기는 이제까지 여러 번 많은 선배들에 의하여 말해져 온 것이다. 그리고 읽히어 온 것이다. 그만큼 사람의 마음을 사로잡아 왔는지도 모른다.

몇십 년 전의 일이다. 가네자와(金澤) 부근에 나가오 마끼라는 목사가 있었다. 이 목사는 불교가 왕성한 곳에서 개척 교회를 시작했다. 개척 교회란 신자가 없는 곳에서 가르침을 전하는 일로서 대단히 어려운 일이다. 신자가 없으므로 헌금도 없다. 설교를 들으러 오는 사람도 없다. 그러나 이 나가오 목사는 5년 동안 사람 하나 오지 않는 곳에서 주일마다 열변을 토했다고 한다. 예배를 드리며 설교를 한 것이다. 예배는 주일마다 기독교 신자가 지키는 일이다. 신자가 오든지 안 오든지 나가오 목사는 목사로서 그 예배 설교를 계속한 것이다. 듣고 있는 사람은 부인과 그 무릎에 앉아 있는 어린아이뿐이었다고 한다.

만일 내가 전도자라고 하면 일요일마다 한 사람도 없는 곳에서 설교한다는 것은 도무지 할 수 없는 일이라고 생각한다. 하물며 열변을 토한다는 것은 도저히 있을 수 없는 일이다. 우습고 어이없어서 그런 데서 떠나고 싶을 것이다.

그러나 나가오 목사는 절망하지 않았다. 왜 절망하지 않았는가? 그것은 아마도 나가오 부부가 힘을 합하여 기도했기 때문일 것이다. 그들은 하나님을 믿고 있었기 때문일 것이다. 1년, 2년, 3년…… 한 사람도 없는 곳에서 설교를 계속해 나갔다. 그것은 얼마나 큰 인내가 필요한 일이었겠는가. 더구나 가난은 현실적인 일이었다.

사람이 절망 속에서 절망하지 않는다는 것, 그것만으로도 대단한 일이다. 사람이 자기 생활을 던져 버리고 싶을 때 던져 버리지 않는다는 것은 훌륭한 일이다. 기독교의 개척 전도에는 많거나 적거나 이 절망 상태가 계속된다. 그것을 이기고 극복한 곳에 교회가 세워져 온 것이다.

이 나가오 목사는 참으로 사랑이 많은 사람이었다. 박해 속에 있으면서, 가난한 가운데 있으면서 굴하지 않고 전도하며 사람들을 따뜻한 사랑으로 대했다. 그 사랑을 이야기하는 일화는 여러 가지이며, 거지를 사랑한 이야기도 유명하다.

그는 거지가 오면 반드시 따뜻한 쌀밥을 지어 주먹밥을 만들어 주었다고 한다. 평소에 자기들은 보리밥을 먹고 있음에도 그랬다는 것이다. 다른 사람이 그것을 보고 나무라며 "일부러 밥을 지어서까지 거지를 먹일 필요가 있나?"라고 했더니 부인이 이렇게 말했단다.

"저 사람들은 언제나 찬밥과 남들이 먹던 찌꺼기 밥만 먹어 왔을 뿐, 따뜻한 밥을 먹은 경우는 드물었을 거예요."

이렇게 말하면서 그들은 그러기를 계속했다는 것이다.

어느 해 설날, 사람들이 해돋이를 맞으러 산으로 올라갔다. 그런데 거지 한 떼가 해를 등지고 손을 모으고 있었다. 그래서 "해돋이는 이쪽이야"라고 주의를 주니, 거지들은 "우리는 해에게 절하러 온 것이 아니야. 나가오 목사님에게 절하러 왔어"라고 대답했다고 한다.

그가 그곳에서 떠나려 하자 거지들은 역의 개찰구에 몰려와서 "한 번만 만나 뵈어도 좋으니까 선생님을 전송하게 해주시오"라고 애원했다. 역원은 그 진정을 받아들여서 무료로 그들을 플랫폼에 넣어 주었다. 그 목사님이 그렇게까지 불쌍한 사람들을 사랑할 수가 있었던 것은 역시 하나님에 대한 깊은 신뢰와 기도가 있었기 때문임에 틀림없다.

"불쾌한 기분은 전염된다"는 속담이 있다. 누군가 한 사람이 불쾌한 얼굴을 하면, 그것이 차례차례 다른 사람에게 전염되어 불쾌한 생각을 일으키게 한다는 말이리라. 그와 반대로 사랑도 전염되는 것인지 모른다.

이 가난한 나가오 목사의 집에는 또 가난한 신학생이 와서 신세지고 있었다. 그 신학생은 가난할 뿐만 아니라 폐결핵을 앓고 있었다. 내가 폐결핵에 걸린 것은 1946년이었는데, 당시만 해도 나와 마주치는 아이들은 입을 막고 재빨리 도망쳐 버리곤 했다. 문병을 온 친척들 중에도 방에 들어오지 않고 복도에서 큰 소리로 이야기하고 돌아가 버리는 사람이 있었다. 폐결핵은 전염병이며, 더구나 사망률이 결코 낮지 않은 무서운 병이었으므로 사람들이 무서워하는 것도 무리가 아니다.

이 가난하고 또 가슴을 앓는 신학생을 나가오 목사 부부는 가족의 한 사람같이 대해 주었다. 그들에게는 어린 아이들이 있었다. 그리고 그들 자신들도 가난했다. 거절하려면 거절할 수도 있었다. 때를 가리지 않고 객혈하는 이 신학생을 받아들일 수 없다고 해도 비난할 사람은 아무도 없었을 터이다. 그러나 이 부부는 참으로 할 수 있는 한 사랑을 다하며 따뜻하게 대해 주었다. 이 신학생은 거기서 "신앙은 사랑이다"라는 사실을 몸으로 알 수 있었다. 사랑이란 말로 하는 것이 아니라 실천하는 것이라고 신학생은 깨달았다. 이 신학생이야말로 나중에 '세계의 가가와'라고 일컫는 '가가와 도요히코' 목사가 되었다.

가가와 목사는 후에 고베(神戶)의 빈민굴에 뛰어들어 사랑의 전도자로서 그 이름을 세계에 날리었다. "사랑이란 꽁무니를 빼는 일이 아니다"라고 가가와 목사는 늘 말하곤 했는데, 그것은 아마 나가오 목사 부부의 사랑 속에서 발견한 말임에 틀림없을 것이다.

나는 늘 생각하지만, 인간이란 존재는 남에게서 어느 정도 사랑을 받아도, 은혜를 받아도 그것을 확실히 받아 가질 수는 없다. 사랑을 받아 가진다는 것은, 은혜를 받아 가진다는 것은 이것을 돌려주면 된다, 무언가를 해서 은혜를 돌려주면 된다고 하는 그런 값싼 것이 아니다. 받아 가진다는 것은 그 사람이 살아온 것같이 자신 또한 그러한 삶을 이어받는 것이다.

가가와 도요히코 목사의 위대함은 이 받아 가지는 일을 확실히 할 수 있었던 데 있다.

"신앙이란 사랑이다"라는 것을 받아 가지고, "사랑이란 뒤치다꺼리다"라고 하며 그것을 실천한 데 있다.

그런데 이 가가와 도요히코 목사도 참으로 기도의 사람이다. 특히 가난한 사람, 몸이 약한 사람, 남보다 무엇인가 못한 사람에 대한 사랑이 깊었다. 상세한 것은 당시의 베스트셀러 『사선을 넘어서』에 나와 있지만, 그의 기도는 사회를 위하여, 세계를 위하여 더욱 광범위하게 미치고 있다. 가가와 도요히코 자신이 오히려 여러 번 객혈하고, 병으로 고생하고, 가난에 시달리며 이웃을 위하여 기도로 힘써 돕기를 그치지 않았다.

어느 날 아침 가가와 목사의 모습이 집 안에 보이지 않았다. 어디에 갔는지 부인이 찾으러 나갔다. 그런데 가가와 목사는 빈민굴의 공동변소 옆에 엎드려서 기도하고 있었다. 그것은 "아무쪼록 이 가가와를 세계 전도를 위하여 써 주십시오. 아메리카로, 유럽으로 보내 주십시오" 하는 기도였다. 그 날의 양식도 없는 병자가 비는 기도가 아니었다. 과연 부인도 그 기도 소리를 듣고는 놀랍고 어이없어했다고 한다.

이런 이야기를 들으면, 가가와 목사는 자기가 놓여 있는 처지조차 판단하지 못하는 인간이라고 생각할 사람이 있을지 모른다. 그저 덮어놓고 '하나님, 하나님' 하고 손을 모으는 사람이라고 생각할지 모른다. 그러나 그는 대단히 훌륭한 학자이기도 하며 이론가이기도 하다. 가난한 사람을 위한 공동조합이며 농촌 공동체의 결성에 커다란 힘이 되었던 사람이다. 당시의 사회에서 조직이 없는 농촌을 하나의 공동체로 추진하는 일은 참으로 어려운 일이었을 것이라고 상상된다. 꽤 치밀한 현실 파악과 확실한 이론, 그리고 관헌을 두려워하지 않는 용기가 없이는 될 수 없는 큰 사업이었다.

공동변소 옆에서 부인을 놀라게 한 기도를 하고 있던 가가와 목사는 그러고 나서 10년 후에 기도한 대로 유럽으로, 아메리카로 초청받아 전도를 하러 가게 되었다. 그리하여 일찍이 몸 붙일 곳도 없었던 신학생이 차차 세계의 가가와가 되어 간 것이다. 그것은 바로 기적이라고밖에 볼 수 없는 사실이었다.

훗날 가가와 목사는 미국에 가서 공부를 했는데, 교수에게서 늘 책을 빌려 읽었다. 그런데 그는 책을 빌려가자마자 이삼 일 후에 곧 돌려드리곤 했다. 다음 책도, 그 다음 책도 곧 돌려드렸다. 그러자 교수는 '가가와는 책을 빌려가긴 하는데 잘 읽지는 않는 모양이야' 라고 생각하고 물어 보았다.

"자네 이 책을 벌써 다 읽었나?"

"예, 읽었습니다."

"그럼 1백 페이지쯤에는 무엇이 쓰여 있는가?"

교수는 그가 대답을 못할 줄 알고 물었다.

"예, 이러이러한 내용입니다."

가가와 목사는 분명하게 대답했다. 그러자 교수는 놀라서 차례차례 질문을 했다. 그는 모두 확실하게 대답했다. 이에 감탄한 교수는 "이제부터는 내 허락 없이 이 책장의 책을 마음대로 가져가 읽어도 좋네"라고 했다.

그는 그 정도의 독서가였다. 그래서 참으로 박학다식하여 전공인 신학은 물론 문학, 철학, 정치학 그리고 일반과학에도 심히 조예가 깊었다. 가가와 목사가 남긴 방대한 저서를 읽어 보면 그것이 사실임을 잘 알 수 있다.

큰일을 하는 사람은 기도 또한 많이 한다고 나는 앞에서 말했는데, 가가와 목사 역시 참으로 기도하는 사람이었다. 기도한다는 것은 참 하나님을 믿고 있다는 뜻이다. 믿지 않으면 그것은 단지 혼잣말에 지나지 않는다. 기도할 수 있다는 것은 그만큼 하나님에 대한 신뢰가 두텁다는 뜻이다. 공동변소 옆에서 소리를 내어 기도하던 가가와 목사다. 아마 기도할 마음이 넘치면 곁에 누가 있거나, 복잡한 처소이거나, 들 가운데 있거나, 차 속에 있거나 열심히 기도했을 것이라고 상상하기가 어렵지 않다.

내가 알고 있는 혼다(本田) 목사도 이토오(伊藤) 목사도 그렇게 기도했으므로 가가와 목사도 참으로 그러했을 것이라고 생각한다. 더구나 가가와 목사는 자주 뜨거운 눈물을 흘리며 기도했다고 한다. 특히 중국, 한국, 동남아시아의 여러 나라를 위하여 날마다 뜨거운 사랑으로 기도했다고 한다.

나중에 제2차 세계대전이 일어나서 일본은 중국에 군대를 보냈다. 중국은 곧 싸움터로 변했다. 각지에서 죄 없는 여자와 아이들이 죽임을 당하고, 특히 남경(南京) 살육은 독일의 가스실에 비할 만큼 잔학했다고 한다. 당시 중국 총통이었던 장개석은 이렇게 말했다고 전해진다.

"일본은 지독하다. 일본은 잔학하다. 그러나 오늘도 가가와 선생은 뜨거운 눈물로써 이 중국을 위해 기도할 것을 생각하면, 일본을 미워만 할 수도 없다."

그리고 몇 해 후에 일본은 패배했다. 당시 중국에는 일본 군인 및 일본 민간인이 2백여 만 명 있었다고 한다. 패전 국민이 된 그 2백여 만 명의 일본인들은 중국인들의 보복을 심히 두려워했다. 전쟁 중 중국 사람을 압제하고 잔학하게 취급한 일본 사람으로서 그것은 당연한 공포였다. 화태(樺太)에 있던 일본인의 대부분은 소련 군대에 의한 함포 사격과 공습으로 죽었다. 미국에 있던 일본인도 많은 수가 포로 수용소로 들어갔다. 그런데 중국에 있던 일본인은 어찌되었는가? 놀랍게도 귀국을 희망한 자는 전원 무사히 돌아올 수 있었다. 그 이유가 무엇일까? 그것은 장개석이 다음과 같은 포고령을 내렸기 때문이다.

"일본인에게 위협을 가하는 자나 그 물자를 약탈하는 자는 극형에

처한다."

이 포고령에 의하여 중국에 있던 일본인은 무사히 귀국할 수 있었다. 아니, 그뿐 아니라 장개석은 자기 나라가 황폐하게 되고 그 백성이 많이 죽임을 당했는데도 일본에 대하여 배상금 청구를 하지 않았다.

패전 당시 다음과 같은 일도 있었다. 이른바 일본 분할설이다. 북해도 및 동북(東北)은 소련에, 시고쿠(西國), 규슈(九州)는 중국에, 그 밖의 곳은 미국에 영유된다는 안이 소련으로부터 나왔다. 그러나 이것을 극렬히 반대한 이 또한 장개석이었다. 장개석은 가가와 도요히코 목사의 뜨거운 기도를 잊을 수 없었다고 말했다.

이렇게 볼 때, 나는 다시금 한 사람의 기도가 얼마나 엄청난 것인지를 생각한다. 만일 나가오 목사가 5년 동안 누구 한 사람 오지 않는 교회에서 절망하고 있었다면 세계의 가가와는 나오지 못했을 것이다. 아무런 보답이 없더라도 하나님을 신뢰하고 기도했기 때문에 가가와 목사가 나온 것이다. 그러나 만일 가가와 목사가 기도의 사람이 아니었다면 장개석의 마음을 심하게 감동시킬 수는 없었을 것이다. 그러면 일본은 조각조각 분단되어 세계지도 상에서 사라졌을지도 모른다. 가가와 목사의 끊임없는 기도가 일본을 구하는 데 얼마나 큰 힘이 되었던가? 다시금 나는 한 사람의 기도의 위대함을 생각하지 않을 수 없다.

우리는 자칫하면 나 한 사람쯤 어떻게 살든 상관없다고 생각하기가 쉽다. 그러나 나가오 목사를 생각하고 가가와 목사를 생각할 때,

우리의 그런 생각은 돌이켜보아야 한다. 한 사람의 삶은 중요한 것이다. 또한 그 삶을 지탱하는 기도는 중요한 것이다. 누가 알아주지 않아도 좋다. 누가 보아주지 않아도 좋다. 우리는 인간으로서 기도해야 할 것을 정성들여 기도하며 살아가야 한다. 자기의 영혼을 위하여, 가족의 삶을 위하여, 이웃의 행복을 위하여, 일본의 정치를 위하여, 러시아를 위하여, 미국을 위하여, 중국을 위하여, 한국을 위하여, 북한을 위하여, 대만을 위하여, 동남아시아를 위하여, 유럽을 위하여, 남미를 위하여, 오스트레일리아를 위하여, 모든 사람을 위하여 사랑과 겸손으로 기도하며 살아가기를 바란다. 세계의 한 사람 한 사람이 그러한 기도를 하게 될 때, 자기도 변하고 세계도 변화되는 것이 아니겠는가?

미우라 아야꼬의 에세이
『사랑과 진실의 인생론』 중에서

 우리가 무심결에 버스 안에서 힐끗 남을 한 번 쳐다본 그 표정에 어떤 사람은 하루 종일 우울한 생각을 품고 지내게 될지도 모른다. 또는 거리를 스쳐 지나가다가 "상당히 멋있는 사람 같아" 하고 내 쪽을 보며 자기네끼리 속삭이는 것을 듣고 그 일로 인하여 두고두고 즐겁기도 하는 수가 있다. 인간이란 전혀 모르는 사람이라도 이토록 당장 관련이 맺어지는 존재다. 하물며 친형제, 친척, 선생님, 급우들의 생활방식이 얼마나 많이 서로에게 연관되고 있는지는 우리로서는 측량할 수 없을 만큼 깊고 복잡한 것임에 틀림없다.

바람직한 인간관계

상관없다는 말

　요즘도 유행되고 있는지 모르겠지만 한때 흔히 "그건 나하곤 상관없어"라는 말이 유행되었던 것을 기억하고 있다. 이 말은 내가 싫어하는 말 가운데 하나다. '이처럼 쌀쌀맞고 정나미 떨어지는 말을 자주 쓰는 사람은 그 체내에 흐르고 있는 피도 얼음장처럼 차갑지 않을까' 하고 나는 생각한다.

　한마디로 말해서 이 세상의 어떤 사람도 자기와는 전혀 상관없는 사람이라고 장담할 수 없지 않을까? 내가 초등학교 다니던 때에 읽은 것으로 아직까지도 잊지 못하는 이야기가 있다. 어떤 부잣집 딸이 기차 안에서 바나나를 먹고 있었다. 그런데 한쪽이 상한 그 바나나를 먹지 못하겠다고 하며 창밖으로 내던져 버렸다. 그때 그곳을 지나가던 한 가난한 아이가 그 바나나를 주워 먹었다. 그 후 그 아이는 배를 앓고 열이 몹시 났다.

　그날 밤 그 부잣집 딸의 아버지가 운영하는 공장이 불타 버렸다. 야경을 도는 사람이 하필이면 그날 밤 야경 도는 일을 게을리했던 것이다. 그것은 그의 아들이 상한 바나나를 주워 먹고 신열이 났기 때문이다.

대충 이런 줄거리라고 생각되는데, 소녀였던 나는 이것을 읽고 인간 세계라는 것은 자기가 생각하고 있는 것보다 훨씬 더 밀접한 관계가 있다는 사실을 깨닫고 매우 섬뜩한 느낌을 가졌다.

이 이야기는 소년, 소녀들을 위해 쓰여진 것이기 때문에 인과관계가 밝히 드러나 있지만, 우리는 일상생활에서 나도 모르는 사이에 다른 사람들과 이와 비슷한 깊은 관계를 맺고 있지 않을까?

매일 발간되는 신문에도 '반드시'라고 말해도 좋을 만큼 실리고 있는 것이 교통사고에 관한 기사일 것이다. 교통사고에는 여러 가지 원인이 있을 것이다. 어느 날 아침, 하찮은 일로 아내와 말다툼을 벌인 운전기사가 화가 머리끝까지 치밀어서 차를 마구 몰다가 제정신이 번쩍 들어 급 브레이크를 밟았을 때 이미 어린아이는 숨져 있었다는 따위의 예는 아마 헤아릴 수 없을 만큼 많을 것이다. 그때까지는 전혀 보지도 알지도 못했던 어린이들이 역시 보지도 알지도 못했던 사람 때문에 목숨을 잃은 것이다.

생명을 낳아 준 부모와의 관계가 깊듯이, 생명을 빼앗고 빼앗기는 관계 역시 돌이킬 수 없을 만큼 무서운, 밀접한 관계인 것이다. 어린 아이를 빼앗긴 부모에게는 아무리 미워해도 부족할 상대가 그렇게 갑자기 나타나는 것이다. 이렇게만 생각해 보더라도 우리는 저 녀석과는 관계가 없다든가, 이 녀석과는 아무 상관이 없다고는 결코 말할 수 없을 것이다.

올해 우리 부부는 대만에서 초청을 받고 3주 간에 걸친 강연 여행을 떠날 계획을 갖고 있었다. 대만에서는 우리의 이 강연회를 위하여 각처에서 모여들어 준비 회의를 하고 있었다. 그런데 2월에 접어들자 나의 아버지가 위독한 상태에 빠지셨다. 이 때문에 나는 대만 행을 단념하지 않을 수 없었다. 대만에는 이 다음에라도 다시 갈 기회가 주어질 것이다. 하지만 아버지의 별세는 딸에게 있어 일생에 단 한 번밖에 없는 것이다. 대만에 계신 분들에게는 정말 죄송한 일이지만, 나는 앓아 누워 계시는 아버지를 그냥 둔 채 먼 여행을 떠날 용기가 나지 않았다.

이리하여 대만 행을 포기한 우리에게 어떤 분이 심각한 고민거리를 안고 상담을 하러 왔다. 우리 부부는 깊은 동정심을 갖고 그의 이야기를 들은 후 우리가 할 수 있는 한껏 조언을 해드렸다. 그분은 겨우 자기 자신을 되찾고 자기가 나아가야 할 방향을 찾을 수 있었다. 나중에 그는 이같이 말했다.

"만약 선생님들과 상담을 하지 않았더라면 저는 두 아이를 차에 태운 채 함께 산 벼랑에서 계곡 밑으로 떨어져 버릴 참이었습니다."

나는 등골이 오싹해졌다. 아버지가 만일 건강하셨더라면 우리는 대만에 가 있었을 시기였다. 우리가 대만에 가 있었더라면 이 사람은 틀림없이 자동차에 두 아이를 태운 채 계곡 밑으로 떨어져서 숨을 거두고 말았을 것이다.

여기서 또다시 나는 인간과 인간 사이의 깊은 '관계'를 절실히 느낄 수 있었다. 이 사람과 우리 아버지는 한두 번 이야기를 나누었을 뿐인 사이다. 이분의 입장에서 보면, 한 늙은이에 불과한 내 아버지의 병환 따위는 자신과는 아무런 관계가 없는 일이라고 생각했을지도 모른다. 하지만 우리 아버지의 위독한 병환이 그분의 가족 세 사람의 목숨을 구해 냈다고도 말할 수 있다.

그때 나는 절실하게 느꼈다. 우리는 결코 "어느 누구의 신세도 지지 않고 살아가고 있다"느니, "누구에게도 폐를 끼친 적이 없다"느니 혹은 "나 혼자서 여태껏 살아왔다"느니 하면서 큰소리를 칠 수는 없는 일이라는 것을 말이다. 나는 어느 누구에 대해서도 다소곳이 고개를 숙이는 겸손한 자세로 살아가야 할 것이라고 생각했다.

살고 죽는 것과 관련된 문제만이 우리와 딴 사람의 관계는 아니다. 우리가 무심결에 버스 안에서 힐끗 남을 한 번 쳐다본 그 표정에 어떤 사람은 하루 종일 우울한 생각을 품고 지내게 될지도 모른다. 또는 거리를 스쳐 지나가다가 "상당히 멋있는 사람 같아" 하고 내 쪽을 보며 자기네끼리 속삭이는 것을 듣고 그 일로 인하여 두고두고 즐거워할 수도 있다. 인간이란 전혀 모르는 사람이라도 이토록 당장 관련이 맺어지는 존재다. 하물며 친형제, 친척, 선생님, 급우들의 생활방식이 얼마나 많이 서로에게 연관되고 있는지는 우리로서는 측량할 수 없을 만큼 깊고 복잡한 것임에 틀림없다.

한편, 나를 예수 그리스도께로 인도해 준 연인인 마에가와(前川正)라는 사람은 나와 어릴 적부터 단짝 친구였다.

내가 초등학교 2학년, 그가 초등학교 4학년이었을 때, 우리는 두 채가 나란히 서 있는 집에 이웃사촌처럼 살고 있었다. 1년쯤 지나 그의 가족은 거기서 5킬로미터쯤 떨어진 곳으로 이사를 갔다. 그가 이사하고 나서부터는 학교의 복도에서 만나든 길에서 만나든 우리는 서로 웃지도 않고 인사도 나누지 않았다.

여고 1학년생이었을 무렵 나는 언니와 시장 바닥에서 노점들이 즐비한 비좁은 거리를 걷고 있었다. 그 번잡한 길에서 우리는 여러 해 만에 마에가와의 모습을 보았다.

"저기 지나가는 이가 마에가와잖아?"

그가 지나가는 걸 보고 언니가 말했다.

"그래, 맞아" 하며 나는 잠깐 뒤를 돌아보았다. 그리고 몇 걸음도 옮기기 전에 그에 관해서는 깨끗이 잊어버렸다. 이를테면 나에게 그는 단순히 한 통행인에 지나지 않았던 것이다. 나와는 전혀 관계가 없는 사람이라고 생각하고 있었던 것 같다.

하지만 그로부터 10년 후, 우리는 다시 만나서 이야기를 나누게 되었다. 그런데 그것은 내가 초등학교 2학년 때 이래 처음으로 나누는 대화였다. 참으로 그동안 20년이란 긴 세월이 흘렀던 것이다. 길가에서 마주친 사람쯤으로 생각했던 그는 나를 진지하게 예수 그리스도께로 인도해 주었다. 그 당시 자살을 생각했을 정도로 허무주의에 빠져 있었던 나를 타락의 생활로부터 구출해 주었던 것이다.

아무튼 좋든 싫든 간에 우리는 참으로 많은 사람들과 관계를 맺고 살아가는 존재들이다. 뿐만 아니라 우리는 머나먼 외국에 사는 한 사람의 생활 방식조차도 나 자신과 관계가 있다는 것을 알고 있다.

가령 슈바이처 박사의 생활 방식에 감동한 나머지 자신의 삶의 방향이 바뀌었다는 사람이 세계를 통틀어 얼마나 많은지 모른다. 동시대뿐만 아니라 2천 년 전에 나신 예수님이 현대에도 얼마나 힘차게 우리를 이끌어 가시고 있고, 얼마나 우리의 삶의 방향을 뒤바꿔 놓고 계신지 모른다. 현대에 사는 우리가 태만한 사람은 태만한 대로, 진실한 사람은 진실한 대로 얼마나 크게 서로 작용해 가며 관련을 맺고 있는지는 아무도 모른다. 곧 작지만 우리들 한 사람 한 사람의 삶의 방식이 많은 사람의 운명에 영향을 미치고 있는 것이다. 그것은 조금만 상상력이 풍부한 사람이라면 얼마든지 이해할 수 있는 엄연한 현실이다.

그러므로 앞길이 구만 리 같은 젊은이들이 "나와는 상관없어"라든가, "넌센스야"라든가 하는 어처구니없는 말을 제발 쓰지 말아 주었으면 좋겠다. 젊은 사람은 젊은이답게 풍부한 감수성과 따스하고 사랑이 가득 찬 말로써 사람과 사람 사이를 이어주었으면 좋겠다.

무감동의 섬뜩함

"만일 별이 천 년에 한 번씩만 나타난다면, 우리는 별을 세상에서 가장 아름다운 것으로 알고 바라볼 것이다."

이런 말을 나는 소녀 시절에 어디선가 읽은 적이 있다.

나는 24세부터 37세까지 13년 동안 병상에 드러누워 세월을 보냈다. 더구나 그 중 7년 동안은 기프스 침대에 누워 일어설 수도 없었다. 오랜 세월의 투병 끝에 나는 가까스로 일어설 수 있게 되었다. 그리하여 나는 다시금 별과 달을 보았다.

"별과 달이 이토록 아름다운 것이었던가!"

나는 경탄의 눈으로 바라보았다. 이토록 아름다운 별과 달을 바라보면서도 어째서 사람들은 놀라지 않을까? 나는 도무지 이해할 수가 없었다. 그래서 "천 년에 한 번씩만 나타난다면……" 하는 말을 회상해 냈던 것이다.

내 친척 중에 교통사고를 당하여 두 달 동안 의식불명에 빠져 있었던 젊은이가 있다. 부모와 형제들이 절망적이라며 거의 포기하면서도 정성껏 간호에 힘쓴 끝에 간신히 목숨만은 건졌다. 또한 내 남동생도 입원까지 할 정도는 아니었으나 충돌사고로 오랫동안 목에 딱딱한 붕대를 감고 있어야 했다. 나의 시아주버님도 폭설이 내리던 어느 날 밤 교통사고를 당하셨다. 전화로 급보를 들었을 때 남편과 나는 즉시 폭설이 내리는 한밤중에 20킬로미터나 떨어진 병원으로 차를 몰고 달려갔다. 보기에도 끔찍하리만큼 부어오른 아주버님의 모습을 보고 우리는 가슴이 미어지는 것 같았다.

그 밖의 벗들과 친지들의 교통사고를 손꼽자면 아직도 많다. 나 한 사람만으로도 이렇게 많은 교통사고를 경험하고 있다. 하지만 이것은 나만의 특수한 경험은 아닐 것이다. 현대를 사는 우리들에게는 많든 적든 간에 교통사고를 당한 친지나 친구들이 있는 것이 보통일 것이다. 혹은 자기 자신이 그 같은 재난을 당한 사람도 있을지 모른다. 그러고 보면 나라 안의 모든 사람이 누군가의 갑작스러운 죽음이나 부상에 놀라거나 혹은 슬퍼하고 괴로워하고 있는 셈이다. 그리고 이런 무서운 사고는 이제 제발 더 이상 일어나지 말아 주었으면 하는 바람을 갖고 있을 것이다.

그럼에도 불구하고 사람들은 힘들여서 자동차 운전면허증을 따내고, 빚을 얻어 가면서까지 자동차를 산다. 그리하여 차들로 홍수를 이루고 있는 위험한 거리로 뛰어들고 있다. 이것은 도대체 어찌된 일일까? 오늘도 여전히 구급차의 요란한 사이렌 소리가 거리를 시끄럽게 하고 있다. 그런데도 그것을 눈여겨보는 사람은 적다. 운전자는 예사로 속도를 내며, 혹은 무모하게 음주운전을 되풀이한다.

"부딪치면 부딪칠 때 그때 가서 어떻게 하는 거지 뭐."

사람들은 이렇게 말들을 한다. 그 말을 듣는 우리도 그러려니 할 뿐이다. 인간은 무슨 일에든지 쉽사리 적응한다. 자기 목숨을 위협하는 위험에조차 쉽게 적응해 버린다. 이 얼마나 무서운 일인가.

내가 입원해 있을 때, 바로 옆 병상에 어느 부잣집 딸도 함께 입원해 있었다. 그녀는 쿠션이 매우 좋은 매트리스를 깔고, 그 위에 또 푹신푹신한 비단 요를 깔고, 그리고 자줏빛 닭털 이불을 푹 덮고 누워 있었다. 게다가 멋있는 네글리제나 가운을 여러 벌 갖고 있어서 마치 공주처럼 화려해 보이는 환자였다.

양친은 자가용을 타고 수십 킬로미터나 떨어져 있는 먼 거리에서 여러 번 찾아왔다. 그럴 때마다 그녀를 병원 내에 있는 레스토랑으로 데리고 가서 맛있는 요리를 사 먹이고 용돈도 넉넉히 주고 갔다.

"참으로 고마우신 아버님이시군요."

내가 이렇게 말하니 그녀는 이상하다는 표정을 지으며 대답하는 것이었다.

"아니, 왜요?"

"당신에게 너무나 잘해 주시니까요."

"그거야, 부모님인데 당연한 일 아녜요?"

"아니, 당신은 고맙다고 생각지 않으세요? 이렇게 마치 공주처럼 잘해 주시는데도."

"하지만 부모가 자식에게 잘해 주시는 거야 당연한 일이지 뭐예요. 당연한 일이기에 별로 고맙지도 않아요."

나는 너무 놀라서 더 이상 말도 나오지 않았다. 아마도 그녀는 어렸을 적부터 갖고 싶은 것은 부모님이 무엇이든지 다 사 주고, 하고 싶은 일은 무엇이든지 다 해주신 것 같다.

나는 어렸을 때부터 부모님에게 무엇 하나 사 달라고 조르지를 못했다. 조르기는커녕 초등학교 4학년 때부터 가계를 돕기 위해 우유 배달을 해야 했다. 언제나 부모님의 주머니 사정만 걱정해야 했다. 가난한 가운데서도 학교에 보내 주시는 부모님의 고생과 사랑을 생각하면 나로서는 부모님께 무엇을 해 달라고 조른다는 것은 상상할 수조차 없었다. 그랬기에 부모니까 자녀에게 잘해 주는 것은 당연하다고 여기는 그녀의 생각은 아직도 나로선 이해가 가지 않는다. 어쨌든 습관이 되면 부모님에 대한 고마운 마음도 전혀 없어져 버리는 것 같다.

우리는 아무런 부자유함이 없는 몸으로 성장한 일도 당연한 것으로 여긴다. 발이 있고, 손이 있고, 눈이 보이고, 귀가 들리는 것을 당연한 일로 생각하고 있다. 길거리에서 다리가 부자유한 사람을 보고도 '참 불쌍하구나' 하고 생각하는 사람이 얼마나 될까? 몰상식하게 빤히 쳐다보거나, 혹은 본인의 귀에 들릴 정도로 "절름발이야, 절름발이"라고 말하는 사람조차 있다. 그 사람이 얼마나 서러운 나날을 보내 왔을까를 상상해 보는 사람은 의외로 적다.

더구나 그 사람이 처녀라면 자기 같은 사람과 결혼해 줄 남자가 있을까 하고 밤낮 생각하며 고민하고 있을지도 모른다. 비록 처녀가 아니더라도 빤히 쳐다봄을 당할 때의 슬픔과 쓰라림이야말로 얼마나 견디기 어려운 일이겠는가? 우리는 다리가 부자유한 사람뿐만 아니라 눈을 보지 못하는 사람, 말을 하지 못하는 사람, 그 밖에 신체의 결함을 안고 있는 사람에게 자칫하면 잔혹한 호기심을 드러내기가 쉽다.

이것도 내가 입원하고 있을 당시의 일인데, 독실에 위독한 젊은 여성이 하나 있었다. 같은 병을 앓고 있는 우리는 그녀가 제발 낫기를 바라는 마음으로 아침 저녁으로 염려하고 있었다. 그러던 어느 날 나는 안정 시간에 화장실에 갔다. 그러자 화장실 옆 세면장에서 수간호사의 목소리가 들려왔다.

"아무개는 어서 버려졌으면 좋겠어. 심장이 튼튼하다 보니까 너무 오래……"

나는 소스라칠 정도로 놀랐다.

"버려졌으면 좋겠다."

이 말은 독일어의 어감이 섞인 말로서 "죽어 버렸으면 좋겠다"는 뜻이었던 것이다. 꿈결에서라도 환자를 위로해 주고 보살펴 주어야 할 간호사가 환자를 간호하는 게 좀 피곤하다고 해서 어서 죽었으면 좋겠다니 이 얼마나 무서운 일인가.

입원해야 할 정도의 병에 걸리는 일은 사람의 일생에 그다지 자주 오지는 않는다. 이를테면 입원은 그 사람에게 있어서 일생에 가장 큰 일에 부딪힌 시기인 것이다. 하지만 의사나 간호사는 그 일생에 가장 큰 일을 당한 사람들을 상대하는 생활이 오히려 일상이 되어 버린 것이다. 일에 숙달되어 감에 따라 환자에게는 아무런 동정심도 생기지 않는 의사나 간호사도 더러 있다는 말이다.

위에서 나는 익숙해져서 습관이 되어 버리는 일이 얼마나 무서운 것인가에 대한 예를 몇 가지 들어 보았다. 한데 그것은 결코 남의 일이 아니다. 나 자신의 일이기도 한 것이다. 나는 어느 사이엔가 아름다운 밤하늘도, 아름다운 화초도 예사로이 보아 넘기게끔 되어 버렸다. 구급차의 사이렌 소리에도 놀라지 않는다. 13년 동안 나의 병 치료를 도맡아 주신 부모님과 형제들의 노고에도 별로 감사하지 않고 있다. 환자인 나를 몇 년씩이나 기다렸다가 결혼해 준 남편에 대한 감동마저 잊어버릴 때가 있다. 소설 『빙점』이 당선되던 날의 감격도 시들해져서 이제는 당연한 일인 양 여기고 있다.

걸음을 멈추어 서서 곰곰이 생각해 보면, 우리 인간은 여러 가지 일에 너무 익숙해져서 무감동과 무감각한 생활에 빠져들고 있다. 그것은 인간 본래의 모습이 아니다. 어떻게 하면 저 어린아이 같은 천진난만한 인간성을 되찾을 수 있겠는가? 인간성의 부활, 이것이야말로 우리에게 부과된 크나큰 과제가 아니겠는가?

당신은 젊은가

"미우라 씨, 실례지만 올해 나이가 몇이세요?"

"마흔일곱 살이에요."

"마흔일곱 살이라고요? 굉장히 젊어 보이시네요."

상대방은 짐짓 놀라는 표정을 지어 보인다. 인사치레인 줄은 알면서도 젊어 보인다는 말을 듣는다는 것은 기쁜 일이다. 하지만 잘 생각해 보면 이는 곧 내가 중년으로 접어들었다는 말일 것이다. 젊은 여러분을 향하여 어느 누가 "굉장히 젊어 보이시네요"라고 말하겠는가? 젊어 보인다는 말은 사실은 나이가 많이 들었다는 이야기다. 어떤 외국의 큰 부자 노인이 한 소년을 바라보면서 이렇게 말했다고 한다.

"만약 내가 전 재산을 내주고 네 나이를 가질 수 있다면 무일푼의 빈털터리가 된다 한들 얼마나 좋으랴."

여러분은 일억, 아니 십억, 백억의 돈을 가지고서도 결코 살 수 없는 젊음을 간직하고 있다. 자신은 비록 빈털터리라고 생각하고 있더라도 세계에서 첫째 가는 큰 재벌이라도 살 수 없는 보물을 갖고 있는 것이다. 그것은 얼마나 멋있고 좋은 것인가! 그러나 과연 여러분은 모두 젊은가? 정말로 젊은가? 나는 때로 의문을 품어 본다. 젊음이란 도대체 어떤 것인가? 정말로 젊은 사람이란 어떤 사람을 가리키는 것일까? 오늘은 이에 대해 생각해 보기로 하자.

"얘, 이 소설 굉장히 재미있어. 읽어 보지 않을래?"

"소설 따위는 읽기가 따분해. 만화라면 읽겠지만 말이야."

중학생들끼리 이런 대화를 하는 것을 엿들은 적이 있다. 당신은 이 두 사람 중에 어느 편에 가까운가? 그리고 어느 쪽이 진짜 젊다고 말할 수 있는 사람일까?

한쪽은 독서를 좋아하기 때문에 자기가 읽은 책을 남에게도 권장하지 않고는 참을 수 없는 사람이다. 하지만 또 한 명의 중학생은 재미있다는 말을 들어도 "소설 따위는 따분해" 하면서 정말로 따분하다는 표정을 지으며 아무런 호기심도 나타내지 않는다. 이 두 사람 중에서 젊다고 말할 수 있는 쪽은 역시 책을 읽어 보라고 권한 사람이 아닐까? 왜냐하면 이 사람이야말로 성장하는 과정에 있기 때문이다. 책이야말로 인간을 성장시켜 주는 소중한 것이다.

방금 나는 성장한다는 말을 썼다. 나는 젊음의 한 특징은 성장한다는 데 있다고 생각한다. 젊은 나무는 쑥쑥 자란다. 사방팔방으로 뿌리를 내리고 양분을 빨아들여 성장한다. 성장하지 않는 젊은 나무란 있을 수 없다. "소설 같은 것은 읽기가 따분해"라는 말을 한다는 것은 양분을 흡수할 힘을 잃은 늙은 나무와 마찬가지라는 것이다. 성장하고자 하는 의욕도 없는 사람의 말이다. 성장하고자 하는 이에게는 모든 것이 자양분이 될 수 있다.

"실연, 그것은 나를 성장시키는 비료다. 질병, 그것은 나를 일으켜 세우는 지렛대다." 나는 13년 동안 병을 앓았다. 그때 이런 글을 노트에 적기도 했다. 13년이라는 긴 세월을 병을 앓으면서 보낸다는 것은 틀림없이 하나의 큰 불행일 것이다. 그렇지만 그것조차도 나의 성장에 유익했다는 사실을 생각하면, 학문이나 취미뿐만 아니라 우리의 일상생활에서 일어나는 모든 일이 하나님께서 주시는 풍성한 양식인 것같이 느껴진다. 물론 그것은 성장하고자 하는 소원이 불타오르는 이에 한해서이다.

얼마 전 나는 기다미(北見)란 곳에 강연을 하러 갔다. 거기서 나는 그곳 공과대학 학장인 사야마(佐山) 선생을 만나 뵈었다. 60대인 줄 알았는데 연세를 여쭈어 보았더니 76세라고 하셨다. 이 학장님은 요즘 들어서 서예를 배우기 시작했다고 하셨다. 내가 그분의 의욕에 깜짝 놀라자 직접 스케치북을 꺼내서 보여 주셨다. 거기에는 수채화 물감으로 그려진 들꽃들과 풍경화가 잔뜩 그려져 있었다.

"그림물감과 붓을 늘 갖고 다니십니까?"

내가 여쭈어 보았더니 그렇다고 하셨다. 그야말로 성가신 일일 것이라고 생각하고 있는 나에게 사야마 학장은 이렇게 말씀하시는 것이었다.

"양로원에 가서 나는 말하곤 합니다, 그림을 그리시라고요. 하루 종일 우두커니 앉아 있지만 마시고."

이분은 매주일 교회에 다니기 시작한 것도 연세가 상당히 드신 후라고 한다.

"학장님은 언제나 들꽃 한 송이를 손에 들고 걸어다니십니다."

옆에 있는 사람이 이렇게 귀띔해 주었다. 젊다는 것은 이런 사람을 가리키는 것이 아닐까? 성장을 계속하는 사람이야말로 젊은 사람인 것이다. 우리는 여기서 자기가 과연 젊은지 그렇지 않은지 한 번 멈추어 서서 돌아보자. '따분하다' 느니 하는 말이 많이 나오는 사람은 나이는 젊어도 벌써 늙은이가 되어 버린 것이 아닐까?

그런데 나는 얼마 전 고교 1학년생인 한 소녀에게서 이런 말을 들었다.

"전 어른들은 자기네 중심적이라고 생각합니다. 무슨 의견을 제시하면 금방 잔소리하지 말라느니, 애들이 건방지다느니 하면서 조금도 제 얘기를 들어주려 하지 않습니다."

나는 이 소녀에게 동정심이 갔다. 정말로 그런 어른들이 적지 않게 있다는 사실을 나도 알고 있기 때문이다. 그런데 어떤 사람이 도대체 그런 어른이 되는 것일까? 당장에라도 당신은 주변에서 흔히 볼 수 있을 것이다.

"너무 쏘다니지 말고 공부나 해" 하고 엄마가 타이르기라도 하면, "남의 일에 참견하지 마세요" 하고 그 말을 무시해 버리는 사람, 무슨 말에든지 "괜찮아요" 하고 튕기는 사람, 또한 고교생이나 대학생들 사이에 흔히 쓰이고 있는 "넌센스"라는 말을 연발하는 사람이 바로 그런 부류일 것이다. "참견하지 마세요", "괜찮아요", "넌센스" 등의 말들은 모두 상대방의 말을 차단하는 말들이 아닌가. 이런 말들은 한결같이 남의 호의를 거절하는 쌀쌀한 바람이 감도는 것이 아닌가. 여기선 윤택함이나 상냥함, 그리고 아름다움이라고는 전혀 찾아볼 수가 없다. 이런 말들 가운데 젊음이 마땅히 갖추어야 할 성장의 의지가 과연 조금이라도 담겨 있을까?

"젊었을 때 노인들의 말씀을 귀담아 들을 수 있는 사람은 나이가 들어서도 결코 젊음을 잃지 않을 것이다."

이렇게 말한 사람이 있다. 과연 그것은 사실일 것이다. 지금 "잔소리하지 마", "어린애들이 건방지게 까불지 마" 하고 꾸짖기만 하는 어른은 젊었을 때는 웃어른의 말씀에 "남의 일에 참견하지 마세요" 하고 말대꾸하던 사람들이다. 곧 지금 어른들에 대하여 "남의 일에 참견하지 마세요", "넌센스"라고 거부감 섞인 말을 내뱉던 사람들이 그 같은 어른이 되어 가고 있는 것이다. 이 모두가 성장하기를 잊어버린 윤기 없는 말이다. 나무의 성장에 필요한 것, 그것은 과연 무엇일까? 적당한 습기, 비, 바람 그리고 햇빛이다. 그것은 인간에게도 마찬가지가 아닐까?

거듭 말해 둔다. 젊음이란 성장하는 것을 뜻한다. 그럼 무엇을 바라보고 당신은 성장하고자 하는가? 돈을 바라는가, 명예를 바라는가, 아니면 이성을 바라는가? 인생은 과연 살아가는 목표를 무엇에 두어야 하는가? 이것이 성장하고자 하는 젊은 당신에게 앞으로의 과제가 아닐까? 돌이킬 수 없는 귀중한 젊은 나날에 도대체 무엇을 향하여 성장할 것인가를 진지하게 생각해 보아야 할 것이다. 그리고 나는 과연 정말로 젊은이인지 아닌지를 거듭 반성해 보아야 할 것이다.

"너의 젊은 날에 너의 창조주를 기억하라"는 구약성경의 말씀을 여러분에게 드리며 펜을 놓는다.

일기를 쓰지 않는 젊은이들에게

여러분은 『안네의 일기』를 읽어 본 적이 있을 것이다. 안네는 유태인이었다. 독일군은 유태인을 한 사람도 남기지 않고 다 죽이려고 혈안이 되어 찾고 있었다.

안네의 일가족은 네덜란드의 빈 집에 숨어서 살았다. 학교에 다닐 수도 없고 물건을 사러 나갈 수도 없었다. 한 발짝도 바깥에 나가지 못하고 소리를 내지 않으려고 조심하면서 숨어 사는 생활은 2년 동안이나 계속되었다. 그러다 마침내 이 피신처가 독일군에게 발각되어 일가족이 체포되고, 안네는 포로 수용소에서 죽었다.

안네는 당신과 동갑이거나, 아니면 아마 당신보다 나이가 아래일 것이다. 만약 당신이 그런 무서운 환경에 놓였다면 날마다 무슨 일을 하며 무엇을 생각했겠는가? 안네는 이 2년 동안 계속 일기를 쓰면서 그 은신처에서의 자신의 생활상과 자신의 마음속을 깊이 응시했다. 그런데 그 쓰라린 기록은 그녀가 죽은 후에 발견되어 출판됨으로써 전 세계 사람들을 감동시켰다.

여기서 나는 당신에게도 일기를 쓰라고 권하고 싶다. 물론 우리의 생활은 안네의 그것처럼 드라마틱하지도 않고 비참하지도 않을 것이다. 하지만 안네와 여러분에게는 공통되는 점이 있다. 그것은 안네의 목숨이 귀중했듯이 여러분 역시 값진 삶을 살고 있다는 사실이다. 그 삶을 좀 더 잘 살기 위하여 일기는 훌륭한 역할을 해줄 것임에 틀림없다.

"3년 동안 하루도 빠지지 않고 일기를 쓴 사람은 장래에 무엇인가를 할 사람이며, 10년 동안 일기를 계속 써 온 사람은 벌써 무엇인가를 이룩한 사람이다."

이런 말을 나는 어디에선가 읽은 적이 있다.

이 말은 여러모로 뜻 깊은 말이다.

첫째, 일기를 계속 써 나가려면 강한 의지력이 필요하다는 사실이다. 나도 10년 가량 일기를 써 왔지만 매일 쓰지는 못했다. 나는 원래 참으로 의지가 박약해서, 일기든 뭐든 간에 매일 계속하기가 여간 힘든 게 아니다. 그래도 애써 계속 써 보고자 했던 것이 조금이나마 의지력을 기르는 데 도움이 된 것 같다.

둘째, 매일 일기를 쓴다는 것은 곧 매일 쓸거리가 있다는 것을 뜻한다. 나는 초등학교에서 교편을 잡고 있을 때 학생들에게 그림일기를 쓰게 했다. 그러자 어떤 학생의 일기에는 "오늘은 아무것도 하지 않았다", "오늘은 아무 데도 가지 않았다"라고 쓰여져 있고, 아무런 그림도 그려져 있지 않았다.

나는 그 아이를 불러서 물어보았다.

"왜 그림을 그리지 않았니?"

"아무 데도 가지 않았는 걸요."

"아무 데도 가지 않고 무엇을 하고 있었니?"

"아무것도 하지 않았어요."

"아무것도 하지 않았다니, 친구들과 함께 놀지도 않았니?"

"놀지도 않았어요."

"집안 사람들에게 꾸중을 듣거나 칭찬을 듣거나 무슨 일이 있었을

게 아니니?"

"없었어요."

"책을 읽지는 않았니?"

"안 읽었어요."

"멍하니 누워 있었니?"

"예."

"누워 있으니 재미있더냐?"

"아니, 재미없었어요."

"그럼, 네가 드러누워서 멍하니 있는 모습을 그림으로 그려 놓고, 누워서 뒹구는 것은 따분했다고 쓰면 되잖아?"

"그런 걸 일기에 써도 괜찮아요, 선생님?"

아이는 깜짝 놀라는 시늉을 하며 나를 빤히 바라보았다.

이 아이처럼 일기에 아무것도 쓸 얘기거리가 없다고 생각하는 사람이 많은 것 같다. 하지만 중학생쯤 되었으면 그런 자신의 모습을 깊숙이 들여다보고 일기를 쓸 수 있어야 한다. 가령 "펜을 잡기는 했지만 무엇을 써야 할지 모르겠다. 하지만 꿈 많고 예민해야 할 내가 아무것도 쓸거리가 없다니, 이럴 수가 있는가. 이것은 내가 눈을 크게 뜨고 자신의 모습을 바라보고 있지 않기 때문이다. 오늘이란 날은 내 생애에 두 번 다시 오지 않는다. 이 두 번 다시 오지 않는 오늘이란 날을 산 나에 관하여 아무것도 쓰지 못할 리가 없다. 그런데도 쓰지 못하고 있다. 시계는 밤 9시 35분, 창문을 열고 하늘을 쳐다본다. 놀랍다! 쏟아지는 듯한 별빛으로 가득 찬 하늘이다. 그 별빛이 가득 한 하늘을 흘러가는 구름이 아름답다. 뭔가 벅찬 내일이 기다리고 있을 것 같기도 하다. 내일의 일기에 나는 결코 쓸 것이 없다고 적지는 않을 것이다."

이런 것도 쓰려면 쓸 수 있을 것이다. 쓸 수 없다는 말을 쓰는 것조차 여러 가지로 쓸 수 있을 것이다. 힘차게 살아가는 젊은 여러분에게는 쓰고 싶은 것이 태산처럼 많을 것이며, 또 마땅히 그래야 한다.

셋째, 일기를 쓰는 데는 진실을 두려워하지 않는 용기가 필요하다. 누군가가 몰래 들여다보기라도 하면 부끄러워서 어쩌나 하는 생각이 들면 매일 일기를 써 나갈 수가 없을 것이다. 남이 본다 하더라도 괜찮다고 나는 생각한다. 떳떳한 태도로 쓰는 데는 확실히 용기가 필요하다. 가령 중학생이나 고등학생 나이쯤 되면 좋아하는 이성이 생긴다 하더라도 이상할 것이 없다. 나도 초등학생 때부터 좋아하는 이성이 있었다. 여중생일 때 열다섯 살이었던 나는 청혼을 받았다. 그래서 나는 그 사람에 대한 느낌을 써 보았다.

"성실해 보이는 사람이다. 영어 공부도 잘하고 있다. 하지만 나를 전혀 결점이 없는 사람인 양 생각하고 있는 점은 이상한 것 같다. 인간으로서 결점이 없는 사람이 있을 리가 없다. 그 중에서도 나는 결점투성이다. 그 사람은 아직 스물두 살밖에 되지 않았다. 아마 사람을 바로 보는 눈이 없는 것 같다. 나에게는 10년 이상 연상인 남자가 맞을 것 같다. 사고방식도 착실하고 생활도 안정되어 있을 것이기 때문이다."

그런데 이렇게 적어 둔 느낌을 집안 식구에게 들켜 버렸다. 그래서 한바탕 웃음을 샀다. 나는 적잖이 분개하여 두 번 다시 일기를 쓰지 않으리라 마음먹었다. 지금 와서 생각하면 확실히 열다섯 살이었던 나는 철부지였다. 지금의 나라면 열 살 이상 연상인 남자가 좋을 것 같다고는 결코 생각지 않았을 일을 천연덕스럽게 쓰고 있었으니 말이다.

그야 어찌되었든, 그 후 스물다섯 살이 넘은 다음에야 나는 다시 일기를 쓰기 시작했다. 그때 나는 누가 몰래 들추어보더라도 괜찮다고 마음을 단단히 먹었다. 나의 이 일기는 진실한 내 모습이 적나라하게 토로되어 있기 때문이다. 만약 읽는 사람이 있다면, 나의 그 꾸밈없는 모습에 그 사람 자신이 압도되고 말 것이라고 첫 페이지에 당당하게 썼다.

사실은 이렇게 자신의 추한 면이나 좋은 면을 하나도 숨기지 않고 진실하게 써 나가겠다고 마음먹는 태도가 중요하다. 자신의 눈으로 한껏 자아를 응시해 보고자 하는 태도, 그것이 날마다 계속됨으로써 우리는 자신을 성장시켜 나갈 수 있는 것이 아닐까? 자기 응시가 없는 곳에는 결코 성장은 없다.

얼마 전에 나는 시고쿠(四國), 나라(奈良), 가나자와(金澤) 지방을 차례로 순방하며 강연을 했다. 그때 나라(奈良)의 동대사(東大寺) 옆에 있는 여관에서 하룻밤을 묵었는데 그곳에는 대형버스가 수십 대씩 와 있었다. 버스에서 내리는 사람들은 거의 모두 카메라를 휴대하고 있어서 사슴과 함께 기념사진을 찍고 있었다. 사람들은 그 사찰에서 사슴에게 과자를 던져 주던 날의 즐거움을 기념사진을 꺼내 볼 때마다 회상하곤 할 것이다. 결혼식, 입학식, 졸업식, 장례식 등 우리는 무슨 중대한 행사가 있을 때마다 사진을 찍는다. 그것은 모두가 다 기념이 된다. 혹은 즐거운, 혹은 슬픈 추억거리가 되는 것이다.

우리가 쓰는 일기 역시 기념사진과 비슷하다고 생각한다. 사진은 격식을 갖추고 찍은 기념사진만 있는 게 아니다. 지극히 자연스러운 포즈의 스냅 사진도 있다. 하루하루의 자신의 모습을 생각이 떠오르는 대로 자신의 글로, 자신의 말로 써 내려가면 되는 것이다. 이보다 더 자신의 인생을 진실하게 사랑하며 기념하는 방식은 달리 없지 않을까?

어떤 때는 정원의 화초를 일기장에 붙여 두기도 하고, 또 어떤 때는 좋아하는 시 한 편을 거기에 베껴 써 두어도 좋다. 그것 역시 우리 심경의 한 단면이다. 먼 훗날에 내가 이런 시를 좋아했었나 하고 미소 짓기도 할 것이고, 별것도 아닌 일에 화를 냈던 것을 반성하게도 될 것이고, 나이에 비해 의외로 옛날이 훨씬 건실했구나 하고 생각하기도 할 것이다. 우리는 자신의 일기를 통해 이중삼중으로 배우는 바가 있을 것이다.

"일기가 없는 청춘은 무덤이다."

이렇게 말한 사람이 있다. 참된 자아 형성은 일기를 쓰는 일에서부터 시작되는 것이라고 나는 생각한다.

"종이는 사람보다 더 인내심이 강하다"고 안네는 말하고 있다. 종이는 우리 인간들의 불평도, 불만도, 소원도, 슬픔도, 기쁨도 모두 참

을성 있게 들어주면서 우리를 키워 주는 것이다.

'자신을 아는 일'의 존귀성

며칠 전 한 친구의 집을 방문했을 때의 일이다. 친구의 딸은 고등학교 1학년생이었는데도 손님으로 간 내가 있는 데서 자기 엄마에게 졸라대고 있었다.

"엄마, 나 머플러 하나만 새것으로 사 줘. 이런 머플러를 두르고 다니는 사람은 요새 하나도 없어."

"얘, 그건 작년에 산 것 아니냐?"

"작년에 산 것이니까 싫다는 거야. 작년에 유행하던 것이니까 부끄러워서 못 두르고 다니겠다는 말이야."

친구는 내가 보는 데서니까 하는 수 없다는 듯이 지갑을 열어 돈을 얼마쯤 꺼내 주었다.

"저러니 내가 정이 뚝 떨어진다니까."

"작년 건 색깔이 맘에 들지 않는 게지, 뭘."

"아냐, 그렇지 않아. 아무리 색깔이 맘에 들어도 지난해에 산 것이 부끄러워 못 두르겠다는 거야."

나는 아무래도 납득이 가지 않았다. 작년에 산 것이 어째서 부끄럽다는 것일까? 도대체 부끄럽다는 게 무엇일까?

나는 문득 초등학교 시절을 회상했다. 나와 짝꿍이었던 아이는 점심식사 시간이 되면 혼자서 돌아앉아 왼손으로 도시락을 가린 채 부끄러운 듯이 밥을 먹곤 했다. 나는 "왜 그렇게 하고 먹니?" 하고 물어보았다.

"보리밥인 걸."

"아니, 내 도시락도 보리밥이야, 얘."

그러자 짝꿍 아이는 그제사 처음으로 생각이 미친 듯이 내 도시락을 빤히 들여다보았다. 그 아이는 자기 도시락을 감추느라고 신경을 쓴 나머지 내 도시락을 미처 한 번도 들여다보지 못했던 것이다.

"넌 부끄럽지 않니?"

"부끄럽긴 뭐가 부끄러워. 훔쳐 온 것도 아닌데."

나는 웃었다. 하지만 그 아이는 내 기분을 아는지 모르는지 어이없다는 듯이 나를 바라보았다. 그러곤 졸업할 때까지 변함없이 도시락을 손으로 가리고 먹곤 했다. 나는 그때 처음으로 나 자신이 부끄럽다고 여기던 것과는 다른 부끄러움도 있다는 사실을 알았다.

그 후 나는 스물네 살부터 서른일곱 살 때까지 폐결핵으로 요양생활을 해야 했다. 병원에서 한 방에 입원해 있던 사람 중에 50대 주부가 있었다. 그녀는 화장실에 갈 때 하오리(일본 여자들이 겉에 걸치는 옷)를 입으려다가 "잠깐만, 딴 사람들도 하오리를 입고 있을까?" 하고 살그머니 문을 열어 보고는, 모두가 하오리를 입고 있지 않으면 다소 추워도 파자마 바람으로 나가곤 했다. 때로는 "오늘은 더우니까 문을 열어 놓읍시다"라고 말해도 그녀는 역시 다른 병실 문이 열려 있는지 아닌지를 확인하지 않고는 아무리 더운 날에도 문을 열어 놓으려 하지 않았다. 그녀는 자기 딸들이 오면 반드시 "수치를 모르는 사람은 인간이 아니야' 하고 타이르곤 했다.

　나는 이 사람을 보면서 인간으로서 꼭 갖추어야 할 수치심이란 도대체 어떤 것일까 하고 참으로 의아스럽게 여기곤 했다. 이 사람은 언제나 딴 사람과 같은 상태가 아니면 부끄러워했던 것이다. 가령 끝이 뾰족한 구두가 유행하면 자기도 똑같이 그런 구두를 신어야 했다. 그렇지 않으면 부끄럽게 여겼다. 처음에 말한 친구의 딸도 이와 같은 심리에서 부끄러워했던 것 같다.

　그런데 이 50대 주부에게는 세 딸이 있었다. 위로 두 딸은 매우 아름다웠으나 막내딸은 코가 납작하고 피부도 검어서 인사치레로라도 예쁘다고 말해 주기가 어려웠다. 맨 처음에 나는 그 예쁘지 않은 막내딸이 그 집에서 심부름을 하는 아이인 줄 알았다. 왜냐하면 위의 두 딸은 내게 "제 딸들이에요. 잘 부탁드립니다" 하고 소개해 주었으나, 막내딸은 그렇게 소개해 주지 않았기 때문이다. 나중에 그 딸도 그녀의 친딸이라는 사실을 알았을 때 나는 뭐라고 표현하기 어려운 심정이 되었다.

　정녕코 그 딸은 얼굴만은 예쁘지 않지만 마음씨는 굉장히 착한 아가씨였다. 내게 사과를 하나 갖다 줄 때도 종이로 깨끗이 닦아서 주곤 했고, 바닥에 떨어지려는 이불을 언제나 조심스럽게 침대 위로 걷어 올려 주곤 했다. 내가 도무지 이해할 수 없었던 점은, 단순히 얼굴이 별로 예쁘지 않다는 그 한 가지만으로 마음씨 고운 그 딸을 자기 딸이라고 소개하지 못하는 그 아주머니의 심정이었다. 나는 그것이야말로 인간으로서 부끄러워해야 할 심정이 아닐까 생각하며 남몰래 그 막내딸을 동정했다. 얼굴에 검정 칠을 한 채 바깥을 나다니는 것은 그야말로 부끄러운 일일지 모른다. 하지만 우리는 마음에 검정 칠을 한 채로 태연하게 돌아다니고 있다. 과연 어느 쪽이 더 부끄러워해야 할 일일까?

말머리를 아까의 화제로 돌려 보자.

작년에 산 것은 낡아서 부끄럽다든가, 미니스커트 시대에 롱스커트를 입고 다니는 것은 부끄럽다든가 하는, 그런 말을 하는 것 자체가 인간으로서 부끄러운 일이 아닐까? 자신의 개성이나 생활 방식은 뒷전으로 돌리고, 미니가 유행하면 미니스커트, 롱이 유행하면 롱스커트 하는 식으로 자기가 입는 옷조차 남의 뜻에 따라서 입는대서야, 가장 중요한 일에 관하여 진정 자신의 생각을 가질 수 있겠는가? 그래서 대다수의 사람들이 저 대학에 지원하니 나도 저 대학에 가야 한다, 모두가 야구 관람을 좋아하니 나도 야구광이 되어야 한다는 꼴이 되는 것 아니겠는가.

우리 인간은 먼저 자기 발로 일어서야 한다. 자기 발로 걸을 수 있어야 한다. 유행에 몸을 내맡기는 것이 시대의 첨단을 걷는 것으로 자신은 생각할지 모르지만, 그런 사람은 사실 자기 의지를 갖고 있지 않은 인형과 같은 존재다. 우리들의 얼굴은 천 인이면 천 인, 만 인이면 만 인 모두 다르다. 그와 마찬가지로 우리의 마음속도 모두 각기 다른 것이다. 누구나가 개성을 지니고 있다. 그리고 우리 한 사람 한 사람이 걷는 길도 모두 다 다르다. 이것을 우리는 확실히 알고 있어야 한다. 자신의 주관을 꼭 갖고 있어야 한다. 그렇지 않으면 우리 인생은 영락없이 흔들리고 만다.

 이성 친구와의 교제에 관해서도 이 말은 해당된다. 며칠 전에 이런 위험한 대화를 나누는 것을 나는 들은 일이 있다.

 "지금 보이프렌드와 키스하는 일이 유행하고 있어. 키스를 하지 않는 여자아이는 유행에 뒤진 아이래."

 "그래? 그렇다면 나도 키스를 해야겠는걸."

 "그래야 해. 그렇지 않으면 웃음거리가 될 거야, 시대에 뒤떨어졌다고 해서."

 언뜻 보기엔 귀여워 보이는 여자 고교생들 사이의 대화 내용이다. 아니, 중학교 3학년생이었는지도 모른다. 이 학생들은 시대에 뒤지지만 않으면 그것으로 그만일까? 만약 어린애를 낳는 일이 유행이라면 역시 그 유행에 몸을 내맡기겠다는 것인가? 물론 극히 일부의 이야기이겠지만 너무나 어처구니없는 이야기다.

 어른의 세계에서도 담배를 피우는 것이 여자들 사이에 유행한다든가, 술을 마시러 가는 일이 유행한다든가, 가정주부가 딴 남자와 함께 놀러다니는 일조차 유행하고 있다. 자신의 생각을 갖지 않는 것이야말로 무서운 것이다. 물론 이런 사람들만이 우리 사회에 있다고는 생각지 않는다. 착실하게 살아가는 사람들이 압도적으로 많이 있다. 하지만 그런 사람들조차 때로는 "남들 보기에 좋지 않아"라든가 "친구들 사이에 따돌림을 받을 것 같아"라고 말하는 수가 있다. 따돌림을 좀 받으면 어떤가? 남의 이목이 그렇게 무서운가? 사람에게는 각자 자기 생각이 있게 마련인 것이다. 올바르게만 산다면 떳떳하게,

그리고 자기 소신대로 살면 된다.

그것은 제멋대로 산다는 것과는 전혀 다르다. 자기 생각을 가지고 살려면 여러 가지 책도 읽고 남에게 배우기도 해야 한다. 그러한 끈질긴 노력 끝에 확고한 자아가 형성되어 가는 것이다. 이렇게 확고한 자아를 형성한 인간은 그토록 함부로 남의 이목에 신경을 쓰거나 동료들에게 따돌림을 당할까 봐 두려워하거나 하지 않을 것이다.

인간으로서 진짜 부끄러움이 무엇인지를 알고 있는 사람은 바로 이런 사람들이다.

서로를 인정하자

데이트를 못하게 했다고 해서 열여섯 살 난 소녀가 자기 아버지를 죽인 사건이 일어났다고 한다. 또한 부모의 기대가 너무 큰 것에 대하여 견디다 못해 자살하고 만 고교생이 있다는 말도 들었다. 우리 집에도 아버지가 가라고 권하는 학교에는 가기 싫다며 가출하고 싶다는 편지, 고등학교에 다니는 딸에게 화장을 짙게 하지 못하게 했더니 묻는 말에 대답도 잘 하지 않더라는 편지들이 와 있다. 이런 상태를 세상에서는 부모와 자식 간의 단절이라고 말하는 듯하다.

왜 이런 단절이 오는 것일까? 단절이라는 말을 쓰면 일이 자못 심각해 보인다. 하지만 이것을 흔히 쓰는 쉬운 말로 하면 서로의 '자기 고집'이다. 나는 위의 이야기를 듣고 '요컨대 "자기 고집"에서 나온 이야기로구나' 하는 생각이 들었다. '자기 고집'은 자기와 친근한 이

들 사이에서 흔히 나타나는 현상이다. 남남끼리 모인 곳에서는 상대방의 이야기를 잘 들으려 하는 자세가 보이며, 상대방 편이 되어서 상대방의 마음에 상처를 입히지 않으려고 조심한다. 하지만 부자지간이나 형제간, 부부간일 때는 그만 깜박 '자기 고집'이 고개를 추켜들고 만다.

'자기 고집'이란 무엇인가? 내 멋대로, 내 생각대로 해 버리는 것, 곧 자기 중심적으로 행동하는 일이다. 이 세상의 온갖 갈등은 이 자기 중심에서 비롯된다.

'수용'(受容)이란 말이 있다. 이는 받아들인다는 뜻인데, 단절, 자기 고집은 상대방을 받아들이지 않는 자세인 것이다.

부자간이든 부부간이든, 매일 한 집에서 살며 한솥밥을 먹고 생활하다 보면 그만 상대방을 자신과 동일한 사람인 줄로 착각해 버리기가 쉽다. 특히 부모는 자녀를 자기 혈육을 나눠 가진 자로서 문자 그대로 자기의 분신이라고 착각하고 있다. 아무런 문제도 없을 때는 자기 얼굴 모습을 닮았다거나, 같은 음식을 좋아한다거나, 닮은 성격을 가진 상대는 확실히 분신으로 생각되어 일체감을 느끼게 하는 사랑스러운 존재다. 하지만 일단 연애 문제나 진학 문제 등 아무래도 뚜렷한 태도를 취하지 않으면 안 될 상황에 직면하여 의견이 서로 달라지면 즉시 서로의 태도가 굳어져 버린다. '수용'의 정신이 결여되어 있기 때문이다. 그러기에 상대방을 절대로 받아들이지 않는다.

"그 여자의 어디가 좋다는 거냐?"
"꼭 그 학교에 들어가고야 말겠어."

"이렇게 얘기가 통하지 않는 부모와는 더 이상 대화가 안 돼."
"부모의 말을 안 듣는 고집쟁이……."
그러면서 서로가 한 치의 양보도 하지 않는다.
우리 인간에게는 교양이나 성격과는 관계없이 자기와 똑같이 생각하고 똑같은 사상에 젖어 있지 않으면 안 된다고 하는, 쉽사리 떨쳐 버릴 수 없는 감정이 있다. 이것은 반드시 부자지간에만 그런 것이 아니다. 학생과 선생님, 여당과 야당, 평화주의자와 군국주의자, 미국과 소련이 모두 그렇다. 상대방이 나와 똑같은 생각을 갖지 않으면 미워한다. 이런 감정은 부자지간의 경우에도 마찬가지일 것이다. 큰 소리로 외친다거나 혹은 입을 열지 않고, 더구나 위에서 말한 열여섯 살 난 소녀처럼 아버지를 죽이는 일조차 서슴지 않는 미움을 품게 된다.
이것은 무엇 때문인가? 한 사람 한 사람은 얼굴이 틀리듯이 전혀 다른 인격의 소유자라는 간단한 사실을 인정하지 않기 때문이다. 상대방이 곧 자기는 아니라고 하는 자명한 일을 그들은 모르고 있는 것이다.
다시 말하면, 상대방의 입장에서 보면 자기 역시 잘못이 많은 인간이라는 사실, 그러한 자기를 인정해 주기를 바라듯이 상대방도 인정해 주기를 바라고 있다는 사실을 모르고 있는 것이다. 곧 이 세상에 사는 사람들은 저마다 다른 사상과 생각을 품고 있다는 사실을 인정하고 싶지가 않은 것이다. 그런 사람은 모두가 자기와 같은 얼굴 생김새를 하고 있지 않으니 건방지다고 말하는 벽창호와 같은 자다.
그럼 왜 우리는 상대방이 자기와 똑같은 생각을 가진 사람이어야 하는지, 왜 다른 사람을 인정하려 하지 않는지에 대해서 잘 생각해 보자. 그것은 '나는 절대 잘못이 없는 사람이다. 나는 가장 착한 사람이다' 라는 생각이 무의식중에 마음속 깊숙이 뿌리박고 있기 때문이다.

우리가 과연 그토록 올바르고 착한 인간일까? 그렇지 않다. 그런데도 우리는 자신을 이 세상의 헌법인 양 착각하고 있다. 자기가 커닝을 할 때 옆의 아이들이 커닝을 하지 않으면 그 친구들을 나쁜 녀석으로 몰아붙인다. 우리에게 말이 통하는 사람이란 자기와 똑같은 생각을 갖고 있는 사람, 자기가 하는 말을 잘 듣는 사람인 것이다. 이 세상의 모든 사람이 자기와 똑같은 생각을 갖는다면 어떻게 되겠는가? 그것은 머리를 좀 식히고 나서 생각해 보면 금방 알 수 있을 것이다.

"나는 그토록 올바른 사람인가?"

자기란 사람을 가슴에 손을 얹고 곰곰이 생각해 보면 우리가 부자간이건 형제간이건 간에 서로 심하게 거부하거나 하는 일은 없어질 것이다. 자신의 존재를 남에게 인정받고 싶으면 다른 사람의 존재도 인정해 주며 수용하고 살아가지 않으면 안 된다. 자동차도 상대방을 인정하지 않고 마구 돌진하면 어떻게 되겠는가? 큰 부상이나 죽음을 불러일으킬 뿐이다.

인간, 그 잘못 투성이인 존재

늘 재미있다고 생각하는 일이 있다. 그것은 독자들에게서 오는 편지 가운데 내 소설의 제목을 틀리게 써 보내는 예가 의외로 많다는 사실이다.

"크게 감동했습니다."

"울면서 읽었어요."

"이 책을 좀 더 일찍 읽었더라면 내 인생의 방향이 지금과는 바뀌었을 것입니다."

이러한 말들을 써 보낼 정도라면 제목을 잘못 쓴다는 것은 어쩐지 묘한 기분이 들게 한다. 그것은 마치 상대방의 이름자를 틀리게 써서 러브레터를 보내는 것과 비슷하다고나 할까.

먼저 내 소설 가운데 하나인 『氷點』은 '永點'이라고 써 보내오는 분들이 상당히 많다. 이것은 '氷'과 '永'자가 비슷하기 때문에 저지르는 잘못이겠지만, "제목도 대단히 좋습니다. 신선감이 드는군요"라고 써 보내면서 '永點'이라고 되어 있는 편지도 있었다.

다음으로 『길은 여기에』는 『氷點』이상으로 반향이 컸고, 사실 이 책에 대한 편지가 가장 많이 온다. 그런데 '길이 있어서'라고 틀리게 써 보내오는 분도 50명 중에 한 명꼴은 되는 것 같다. '길이 없어서'라고 써 보내온 분도 한 명 있었다. 장난으로 그러는 것이 아니다. 내용으로 보면 상당히 진지한 편지인데도 그렇다.

그 밖의 작품명도 틀리게 써 보내오는 일이 뜻밖에 많았다. 애써 편지를 보내 주시는 독자들의 잘못을 지적하는 일이 미안하긴 하지만, 딴 뜻이 있는 것은 아니다. 인간이 얼마나 잘못 기억하고 있는 존재인지를 말하고 싶었을 뿐이다. 열심히 읽고 있는 책의 제목조차 이토록 잘못 기억하고 있는 것이다. 말이란 우리가 평소에 생각하는 것보다 훨씬 더 잘못 전달되는 것이 아닐까?

그것은 저 '전보놀이'에서도 여실히 드러난다. 나도 초등학교 교사 시절에 2학년 학생들에게 이 놀이를 시켜 보았다. 한 반을 두 줄로 나눈 뒤 제일 앞의 두 학생에게 "내일 날씨가 좋으면 소풍을 가겠습니다"라고 속삭인다. 그 학생들은 뒤의 학생들에게 역시 작은 목소리로 속삭여서 말을 전달한다. 어느 쪽 줄이 더 빨리, 더 바르게 내용을 전달하는지를 보는 시합이다. 그런데 "내일 소풍을 갈지도 모릅니다"라든가, "내일 날씨가 좋지 않으면 소풍을 가지 않습니다"라는 식으로 맨 끝에 있는 학생에게는 잘못 전달되는 수가 많았다.

책 제목조차 『길은 여기에』가 '길이 없어서'라는 정도로까지 잘못 기억되는 판국이므로 여러 사람의 입을 거쳐서 전달되는 전보놀이가 내용이 크게 바뀌어서 전해지는 것도 무리는 아닐 것이다. 하지만 소설의 내용조차 뒤바뀌게 받아들여지는 수가 있을지도 모른다고 생각될 때가 있다.

며칠 전 택시를 타고 시내를 달리다가 '부부 교환'이란 간판 글자가 눈에 들어오는 것이었다. 깜짝 놀라 다시 보았더니 그것은 '차량 교환'이라고 쓰여져 있는 것이었다. 요즘 '부부 교환'이란 말이 자주 주간지 등에 오르내린다. 그래서 '교환'이란 글자가 눈에 들어오는 순간, 대뇌는 즉시 '부부 교환'을 연상하여 잘못 읽었던 것 같다. 그러고 보면 눈이 글자를 보아도 읽고 새기는 것은 대뇌인 것이다. 무의식적으로 마음속에 들어가 있는 것, 다시 말하면 선입관념이 먼저 튀어나온 것이리라. 그러기에 '차량 교환'이란 글자를 사람에 따라서는 '물물 교환', 혹은 '전화기 교환', 혹은 '고물 교환' 등으로 한 순간 잘못 읽을지도 모른다.

이 역시 자신의 선입관념이 우선하기 때문이다. 즉 자기 중심적인 생활방식의 한 단면이 드러난 것인지도 모른다. 쓰여져 있는 글자나 말조차 잘못 받아들이는 것이 우리 인간이다. 그러므로 우리는 일상생활 가운데서 다른 사람의 표정이나 몸짓을 자신의 선입관념이나 편견에 따라 잘못 받아들여 계속 오해를 품고 살아가고 있는지도 모른다. 아무튼 인간이란 잘못을 저지르기 쉬운 존재라는 사실을 스스로 깨닫는 일이야말로 인생에서 대단히 중요한 일이라고 생각한다.

진짜 어른이란 누구인가

▎실패와 성공

1939년에 나는 여자 고등학교를 졸업했다. 그리고 열일곱 살 나던 때에 곧장 우따시나이(歌志內) 초등학교의 교사가 되었다. 거기에 부임하기 직전 4년 동안 영어를 가르쳐 주셨던 다니지(谷池)라는 선생님이 이런 말씀을 해주셨다.

"너는 실패도 많이 하겠지만, 성공도 많이 할 것이다."

젊었을 때 마음에 아로새겨 두었던 말은 그 사람의 일생에 크나큰 영향력을 미치게 마련이다.

나는 7년 동안의 교편 생활 가운데 갖가지 실패를 맛보았다. 성공은 그다지 많지 않았다. 그러나 몇 번이고 실패했어도 좌절하여 아주 주저앉지는 않았다.

"실패도 많이 하겠지만, 성공도 많이 할 것이다."

이렇게 일러준 선생님의 말씀이 나를 끊임없이 격려해 주었던 셈이다. 인간인 이상 누구나 실패는 하게 마련이다. 낙제도 한다. 실연도 한다. 자기 마음에 맞는 직장에 취직하지 못하는 수도 있다. 결혼 생활에 파탄을 가져오는 수도 있을 것이고, 자녀가 자기보다 앞서 죽는 수도 있을 것이다. 기쁜 일보다는 슬픈 일과 괴로운 일이 더 많은 것이 인생인지도 모른다. 그러기에 그런 괴로움에 부딪힐 때마다 좌절하거나 절망하다가는 살아갈 수가 없을 것이다.

나는 한창때인 스물네 살 때부터 서른일곱 살 때까지 13년 동안 폐결핵과 척추 카리에스라는 질병을 앓았다. 카리에스란 병은 중병이어서 기프스 침대에 드러누운 채 목을 좌우로 돌리지도 못하고, 식사도 배변도 세수도 모두 누운 채로 했다. 한 번 돌아눕는 것조차 못했다. 시험 삼아 하룻밤 내내 가만히 위만 쳐다보고 한 번도 돌아눕지 않고 자 보면 이 병이 얼마나 괴로운 병인지를 조금은 알게 될 것이다. 나의 친구들은 차례차례 결혼을 했다. 시샘 많은 처녀 시절에 고운 옷 한 벌 못 해 입고 먹고 싶은 것도 먹지 못했다. 여행 같은 것은 물론 꿈도 못 꾸고, 이를테면 완전히 버려진 물건 같은 삶이었다.

여러분 가운데도 병상에서 성인식을 맞은 분이 계시리라고 생각한다.

나는 서른일곱 살이 되던 해까지 스타킹을 신어 본 적이 없다. 만일 이런 생활 가운데서 자포자기하여 나 자신을 저주하는 삶을 살았더라면 도대체 어떻게 되었을까? 때로 나는 '이렇게 가족들에게 폐만 끼치면서 꼭 살아야 하는가?' 하고 생각해 본 적도 있었다. 그러나 "인간은 살아 있는 한 누구에게나 무슨 사명이 주어져 있대요" 하고 격려해 주는 친구가 있었다. 나 역시 그렇다고 생각했다. 그래서 '누워만 있는 나의 사명은 무엇일까?' 하고 곰곰이 생각해 보았다. 나는 병자에도 여러 부류가 있다고 생각했다. 몸은 비록 쇠약해져 있어도 마음은 건강한 병자가 있을 수 있다고 생각했다. 이렇게 생각하기 시작했을 무렵 사람들은 나의 병실에 찾아와서 인생 문제나 연애 문제 등에 관하여 상담해 오기 시작했다. 나의 병실은 '신상 상담소'라는 별명이 붙게 되었다.

건강한 사람이 병자에게 위로를 받기 위해서 온다. 상담을 하러 온다. 이렇게 되면 그 병자는 이미 병자가 아니다. 병자는 확실히 건강을 빼앗겼기 때문에 인생의 큰 실패자다. 하지만 "실패는 성공의 어머니"라는 격언도 있지 않은가. 나는 이 13년 동안의 병상 생활에서 기독교 신앙을 얻었다. 그래서 존경하는 현재의 남편과 결혼할 수 있는 축복도 받았다. 내 친구들이 다 결혼하고 나서 근 20년이 지난 다음에 나는 결혼을 했다. 하지만 만혼이 반드시 불행한 것은 아니다. 나는 행복했다.

결혼하고 나서 2년 후에 우리는 집을 지었다. 그리고 나는 잡화상을 시작했다. 그 해 세모에 내가 쓴 수기 '태양은 또다시 지지 않는다' 가 〈주부의 벗〉 지상에 실림으로써 상금 20만 엔을 탔다.

그러자 병이 처음 나던 때부터 나를 지도해 주셨던 백양사의 이가

라시(五十嵐) 씨(일본에서 처음으로 드라이클리닝을 시작하신 분)가 "사람은 일이 잘될 때가 가장 경계해야 할 때입니다. 그것은 이미 잘 아는 일이겠지만 더욱더 자신을 비우고 하나님을 신뢰해야지 교만해져서는 안 된다는 뜻입니다"라는 내용의 편지를 보내 주셨다. 고마운 충고라며 남편은 즉시 그분의 편지를 액자 속에 넣어 벽에 장식했다. 나는 그 편지를 지금도 보관하고 있다. '교만해지지 않도록'이란 참으로 배아픈 충고다. 기나긴 병상 생활에서 떨쳐 일어나 좋은 남편을 만나게 해주시고, 집과 점포와 상금까지 탔기 때문에 무의식중에 교만해지기 쉬운 것이 인지상정일 것이다.

인간은 누구나 진흙탕 길을 걸을 때는 발이 미끄러지지 않도록, 흙탕물이 옷에 튀지 않도록 조심해서 걷는다. 남이 조심하라고 일러주지 않아도 충분히 조심해서 걷는다. 하지만 탄탄한 아스팔트 길에서는 전혀 조심해서 걷지 않는다고 해도 좋을 것이다.

〈주부의 벗〉에서 공모하는 수기에 입선된 지 2년 후에는 『빙점』이 아사히 신문의 현상소설에 당선되었다. 당선된 것을 알게 된 날 나는 다급한 목소리로 직장에 가 있는 남편에게 전화를 걸었다.

"그래요? 그것 참 잘됐군요."

남편은 차분한 목소리로 이렇게만 말하곤 전화를 끊었다. 나는 다소 실망했다. '좀 더 기뻐해 주어도 좋으련만' 하고 생각했다.

저녁 무렵, 직장에서 돌아온 남편은 이렇게 말했다.

"이가라시 선생님의 말씀을 잊어선 안 돼요. 인간은 칭찬을 받을 때가 위험한 법이오. 인간은 누구나 칭찬을 받으면 기뻐하지요. 칭찬을 받으면 인간은 바보가 되기 때문이지요."

참으로 따끔한 일침이었다. 고마웠다. 정말 그렇다고 생각했다. 그리고 교만해지지 말아야겠다고 스스로에게 타일렀다.

앞에서는 "실패는 성공의 어머니"라는 말을 썼으나, "성공은 실패의 근본"이라고 고쳐 말해도 좋을 것이다. 무슨 일이든 다 잘 되어 갈 때야말로 가장 위험한 때일지도 모른다. 내 은사의 말씀은 때에 따라서는 "성공도 많이 하겠지만, 실패도 많이 할 것이다"라는 경계의 말로 바꾸어야 할지도 모른다.

▌어른이 되었다는 사실

성인식을 맞이했다고 해서 그 날부터 곧 어른이 되었다고 말하기는 어렵다. 그 전날까지는 아이인데, 하룻밤 자고 나면 갑자기 어른이 된다고는 말할 수 없다. 그러면 어른이 되었다는 것은 도대체 무엇을 의미하는 것일까? 여러 가지 견해가 있겠지만, 나는 나 나름대로 정신적으로나 경제적으로 자립해 나갈 수 있다는 뜻이 아닐까 생각한다.

"말하기는 쉽고, 실행하기는 어렵다"는 말이 있듯이, 사람은 어른이 되기가 퍽 어렵다. 정신적으로나 경제적으로 자칫하면 남에게 얹혀 살고 싶어지는 것이다.

나이 사십이 지나고도 아직껏 부모님의 신세를 지고 있는 사람도 있다. 집을 짓는다고 하면서 처가와 의논을 하고, 자가용을 산다면서 친부모와 의논을 한다. 의논을 한다고 했지만 '사도 좋을까요, 지어도 좋을까요' 하는 것이 아니라, '사 주십시오, 지어 주십시오' 하는 부탁을 하는 것이다. 이런 사람은 기어다니는 젖먹이 어린아이에 불과하다고 나는 생각한다. 과자나 장난감이 자가용이나 집으로 바뀌었을 뿐이다. 그러면서도 자기 생활이 남에게 간섭 받기를 원치 않는다느니 하는 말은 곧잘 한다. 과연 정신적으로 자립한다는 것은 쉬운 일이 아니다. 이것은 말하자면 평생에 걸친 과제다.

그러나 정신적으로 자립하고자 하는 자세만은 누구나 취할 수 있는 것이 아닐까? 자신의 실패는 무엇이든 다른 사람의 탓으로 돌리고 싶어 한다. 듣는 상대방을 가리지 않고 남의 험담을 늘어놓으면서 돌아다닌다. 직장에서의 울분을 집에 돌아와서 터뜨린다. 그러면서 결코 책임을 지려고 하지는 않는다. 이런 일들은 모두 철부지들이나 하는 짓이다. 이것이 철부지들이나 하는 짓이라는 걸 깨달으면, 그 사람은 그래도 성인이 된 것이다.

참으로 주체성이 있는 어른이라면 떳떳하게 책임을 질 수 있는 인간일 것이라고 나는 생각한다. 자신의 실수를 남의 탓으로 돌리려 들지 않는다. 예수 그리스도처럼 남의 죄를 지고 십자가에 달리는 것, 이 모습이야말로 가장 어른스러운 모습이라고 나는 생각한다. 물론 이렇게까지 어른이 되기란 누구에게나 가능한 것은 아니겠지만 말이다. 하지만 나이가 스무 살쯤 되었다면 자기 스스로 벌어먹고 살 수 있는 나이가 아닐까? 물론 성인이 되기 전부터 어엿이 경제적으로 자립하여 살고 있는 사람들도 많이 있을 것이다. 그러나 그렇지 못한 사람도 적지 않다.

우리나라 대학생에도 여러 부류가 있겠지만, 부모님으로부터 돈을 타서 쓰는 것을 당연한 줄 여기는 사람이 있다면 그것은 과연 옳은 태도일까? 적어도 미안하게 여기고 고맙다고 느끼는 마음, 될수록 부모님에게 부담감을 드리지 말아야겠다는 생각이 어른이라면 마땅히 있어야 하지 않을까?

내 자랑 같아서 미안하지만, 나는 만 17세도 채 못 되어서 초등학교 교사가 되었다. 월급은 35엔이었다. 월급을 받자마자 나는 10엔 내지 15엔을 부모님께 송금했다. 어느 누가 그렇게 하라고 시켜서 한 것이 아니다. 어려운 가운데서도 부모님이 여학교를 졸업시켜 주셨다고 생각하면 감사하는 것이 당연했던 것이다. 그 감사의 마음을 겉으로 나타낸 것뿐이다. 그런데 교무실에서 사무원으로 근무하는 분이 나를 효녀라고 말하며 다니더라는 말을 동료 교사에게서 들었다. 매달 사무원에게 송금을 의뢰해 왔기 때문에 내가 부모님께 송금하는 것을 알고 있었던 것이다.

"부모님께 송금하는 것이 어째서 효도가 되는 것입니까?"

나는 잘 납득이 가지 않았다. 나로서는 당연한 일을 하고 있을 뿐이었다. 당연한 일 이상의 일을 했다면 효도란 말을 들어도 마땅하지만, 나는 특별한 일을 했던 것이 아니다. 어른이 되는 것은 경제적으로 자립하는 일이라고 믿어 의심치 않았을 뿐이다.

성경에는 "일하기 싫어하는 사람은 먹지도 말아야 한다"라고 쓰여 있다. 일하고자 하는 마음만 있으면 아침 한때 우유나 요구르트를 배달할 정도의 시간은 낼 수 있을 것이다. 아무리 공부하기에 바쁜 학생이라 하더라도 할 마음만 있으면 할 수 있을 것이다. 문제는 바로 하고 싶은 마음이 있느냐 없느냐이다. 나이가 드신 노인이나 병자라면 또 몰라도, 젊은 사람이 한 푼도 벌지 못한다는 법은 없다.

내가 절대 안정을 강요당하며 기프스 침대에 누워 있으면서 가장 쓰라렸던 일은, 하나에서부터 열까지 무엇이나 부모님에게 폐를 끼쳐야 했던 일이다. 질병 문제, 경제 문제, 그것이 부모님에게는 큰 부담이었을 것이다. 병자라고 해서 정말 돈을 한 푼도 벌지 못할까? 물론 나 역시 꼭 그렇게만 생각해 왔다.

하지만 "뜻이 있는 곳에는 반드시 길이 있다"고 했다. 나는 어떤 기회에 발을 만들어 보기로 마음먹었다. 물론 드러누워만 있던 내가 몸을 움직여서 무엇을 만들 수는 없었다. 하지만 생각할 수는 있었다. 나는 한 가지 디자인을 고안해 냈다.

그것은 검은 바탕의 발에 눈이 내리고 있고, 앗씨를 입은 아이누인이 활을 잡아당기고 있는 구도(構圖)였다. 그 아이누인 옆에 땅대나무 덤불이 있고, 덤불 위에도 눈은 내리고 있다. 대나무 색깔은 짙은 초록과 엷은 초록의 천 조각, 눈은 솜을 잘게 깔고, 앗씨의 옷 색깔은 이 색으로 하고, 장화는……, 화살은……, 활은…… 이렇게 색깔이 차례차례 정해졌다. 이렇게 내 머릿속에 완성된 발의 모습이 선명하게 떠올랐다.

"틀림없이 팔릴 거야!" 하고 나는 확신했다. 일에는 확신이 가장 중요하다. 그런데 이 발을 누가 만드는가? 나는 친지 중에 이 사람 저 사람을 마음속에 떠올려보았다. 병자의 꿈 같은 일을 거들어줄 사람이 어디 있겠는가. '아니야, 되든 안 되든 한 번 부닥뜨려 보는 거다.' 이렇게 생각한 나는 아플리케를 만들 사람, 재봉틀을 돌릴 사람을 정하여 의뢰했다. 하지만 밑천이 없었다. 발 재료를 살 돈과 그것을 제작해 줄 사람들에게 줄 품삯이 필요했다. 이 돈을 나는 동생의 친구에게서 꾸기로 했다. 꽤 큰 돈이었다.

판매는 동생에게 부탁했다. 일이 본 궤도에 오르자 다시 몇 가지 디자인을 고안해 냈다. 조금씩 꾼 돈을 갚고, 품삯도 오래 미루지 않고 지불하고도 월부로 전기밥솥과 전기세탁기를 살 수 있었다. 매달 어머니에게도 몇천 엔씩 용돈을 드릴 수 있었다.

나는 기뻤다. 드러누운 채, 혼자서는 화장실에도 못 가는 내가 일을 할 수 있다는 사실이 우선 기뻤다. 아무런 도움도 못 되고 가족들에게 폐만 끼쳐 오던 내가 세탁기와 전기밥솥을 삼으로써 어머니의 수고를 조금이나마 덜어드릴 수가 있었다. 이것은 감사한 일이었다. 비록 액수는 얼마 되지 않지만 어머니께 용돈을 드릴 수 있다는 것은 크나큰 기쁨이었다. 여태껏 받기만 하던 내가 조금이나마 남에게 무엇인가를 해 드릴 수 있다는 것이 얼마나 기뻤는지 모른다.

한때는 두 사람을 월급까지 줘 가며 고용하고, 다시 세 사람이 아르바이트로 와서 거들어 주었다. 누워 있으면서도 다섯 사람을 부리는 몸이 된 것이다. 이 일은 결혼 후에도 2년 동안 계속되었다. 물론 빌린 돈은 한 푼도 남김없이 다 갚았다. 결혼할 때 미용사에게 내는 돈과 자질구레한 준비 비용은 나 자신이 번 돈으로 충당했다.

일을 했다고는 하지만, 나는 몇 가지 디자인을 생각해 냈을 뿐이다. 나는 누워 있으면서 친구들과 동생의 도움을 받았다고 하는 편이 사실일지 모르므로 자랑거리가 되지는 못한다. 하지만 사람이 일해 보겠다는 의욕이 있으면 나 같은 병자도 돈을 벌 수 있었다는 것만은 사실이다. 병자이기 때문에 돈을 쓰기만 하는 것을 당연한 줄로 알고 가만히 있는 것이 미안한 일이라는 느낌만은 내게 있었다.

자립이란 말이 나온 김에 나의 알량한 체험 중에서 조금 써 보았는데 약간이나마 참고가 되었으면 다행이겠다.

살아가는 목적

살아가는 목적이란 말은 내게는 참으로 중대한 말이다. 왜냐하면 나는 살아가는 목적을 잃고 자살까지 생각해 본 적이 있기 때문이다.

앞서도 말했듯이, 나는 전쟁 중에 초등학교 교사 노릇을 하고 있었다. 패전하던 해는 내가 교사가 된 지 7년째 되는 해였다. 내가 일에 지나치게 열중하기 때문에 아버지는 나의 건강을 염려해서 이렇게 타일러 주신 적이 있었다.

"얘야, 너무 무리하다가는 건강을 해칠 테니 조심해라."

"교단에서 쓰러지면 영광이지 뭐예요."

나는 거침없이 이렇게 대답했다. 정말 그렇게 생각하고 있었던 것이다. 건방진 것 같지만, 나는 목숨을 걸고 학생들을 가르치고 있다는 자부심이 있었다.

그런데 패전과 동시에 미군이 일본에 진주했다. 다시 말하면, 일본은 미군에게 점령당한 것이다. 점령군의 명령은 절대적인 것이었다.

그 명령에 따라 우리가 사용해 오던 교과서는 그냥 그대로는 사용할 수가 없었다. 가르쳐서는 안 되는 대목은 먹칠을 하게 하는 것이었다. 가르쳐서는 안 될 대목이란 천황 중심의 사상이며, 그것에 바탕을 둔 군국주의적인 것이었다. 이 체험은 오늘날의 젊은이들로서는 잘 이해가 되지 않겠지만, 지금의 시대에 비유해서 말한다면 어제까지의 민주주의를 오늘부터는 가르쳐서는 안 된다고 하는 것과 같은 큰 사건이었다.

나는 '이제까지 믿어 왔던 것이 사실은 믿을 수 없는 것이었는가?' 생각하며 갈피를 잡을 수가 없었다. 그리고 '정말로 믿을 수 있는 것은 무엇일까?' 하고 생각했다. 나는 목숨을 걸고 열심히 학생들을 가르친다고 가르쳐 왔다. 그랬던 만큼 '내가 여태껏 가르쳐 온 것이 헛수고였는가? 아니, 여태껏 틀린 것을 가르쳐 왔는가?' 하고 생각하니 기가 막혔다. 그것은 견딜 수 없는 쓰라림이었다. 나는 마침내 허무주의에 빠졌다. 이 세상의 일체는 헛되다는 것을 절실히 느끼는 인간이 되어 버렸다. 학생들에게 아무것도 가르칠 의욕조차 나지 않았다. 그래서 나는 교사직을 그만두고 말았다.

나는 살아가는 목적을 잃었다. 사는 것이 하나도 즐겁지 않았다. 그러다가 폐결핵에 걸렸고, 어쩌다 보니 요양 생활을 해 가면서 우연히 '결핵 환자의 모임' 일을 떠맡게 되었다. 그래서 나는 또다시 활동적으로 일하기 시작했다. 결핵 환자의 모임의 회지 편집과 버터 등 영양식품을 알선하는 것이 나의 일이었다.

그런 바쁜 나날을 보내고 있던 어느 날, 내겐 문득 한 가지 생각이 떠올랐다.

"내게는 과연 살아가는 목적이 있는가?"

나는 아직 나의 삶의 목표를 확실히 갖고 있지 않았다. 그럼에도 불구하고 모임의 일에 마음이 쏠려서 마치 삶의 목표를 꽉 붙잡고 있는 사람처럼 나는 살고 있었던 것이다. 하지만 내겐 삶의 목표 같은 것은 아무것도 없었다. 눈앞에 부닥뜨린 일들이 쌓여 있었을 뿐이다.

세상에는 살아갈 목적 같은 것은 없어도 얼마든지 살아갈 수 있는 사람도 있다. 하지만 그렇지 못한 사람도 있다. 갓난아이가 오늘 하루를 왜 사는지 전혀 생각지 못해도 살아갈 수 있듯이, 어른이 되어서도 타성에 젖어 아무 생각 없이 그냥 학교에 왔다갔다 하거나 직장에 다니거나 할 수 있다.

그리고 눈앞의 목표만을 인생의 목적처럼 생각하고 사는 사람도 있다. 중학교 시절에는 고등학교에 올라가는 것이 목표이고, 고등학교 시절에는 대학교에 들어가는 것이 목표이고, 대학 시절에는 좋은데 취직하는 것이 목표다. 취직하면 좀 더 빨리 계장이 되고 싶어 하고, 계장이 되면 어서 과장이 되려 한다. 혹은 또 결혼 상대를 고르는 것이 목표이거나, 결혼을 하고 나면 집을 짓고 자가용을 사고…… 이런 것이 목표가 된다. 자기 인생과 그것들이 얼마만큼 깊은 의미를 가지며 깊은 관계가 있는가에 관한 것에는 생각이 안 미친다.

눈앞의 일을 한 가지 한 가지씩 해 나가는 것이 과연 정말 인생의 목적과 일치되는 것일까? 산다는 것이 정말 그것만이어도 좋은 것일까?

정년이 되어 퇴직하고 노는 사람이나 자식을 다 키워 결혼시켜 내

보낸 사람이 인생의 고독을 느낀다는 것은 살아 있는 날까지 계속 갖고 있어야 할 목표를 잃어버렸음을 의미하는 것이 아닐까? 한평생 열심히 살아온 후에 만일 한낱 고독감밖에 남는 것이 없다면, 그것은 어딘가 잘못되어 있는 것이 아닐까? 산다는 것을 근본적으로 재고해 볼 필요가 있다고 나는 생각한다.

특히 젊은 사람들은 지금 걷고 있는 자신의 길에서 잠깐 멈추어 서 보기를 권하고 싶다. 인생은 되풀이할 수가 없는 것이다. 두 번 다시 오지 않을 인생을, 과연 자신이 살 가치가 있는 길을 걷고 있는지 그렇지 않은지 생각해 보기를 권하고 싶다. 지금 걷고 있는 길의 종착점에 무엇이 기다리고 있는지를 생각해 보기를 바란다. 돈이 목적인 길, 지위가 목적인 길, 과연 그것밖에 골라잡을 딴 길이 없는가? 아무리 생각해 보아도 지금 걷고 있는 길밖에는 없는지, 가던 걸음을 멈추고 다시 한번 생각해 보기를 권하고 싶다.

하늘의 사닥다리

1979년 9월 9일 초판 1쇄
2015년 6월 30일 4판 2쇄

지은이 미우라 아야꼬
옮긴이 최 운 걸
펴낸이 임 만 호
펴낸곳 설 우 사

등 록 제16-13호(1978.7.20.)
주 소 06097 서울 강남구 선릉로 112길 36(삼성동) 창조빌딩 2F
전 화 02)544-3468~9
FAX   02)511-3920
ⓒ 설우사, 2008

Printed in Korea
ISBN 978-89-87911-42-7 03230

정 가 8,000원